Microsoft® Office

Office 2007

Word, Excel et PowerPoint 2007

Word, Excel, PowerPoint et Windows sont des marques déposées de Microsoft Corporation.
Toutes les autres marques citées ont été déposées par leur éditeur respectif.

La loi du 11 Mars 1957 n'autorisant aux termes des alinéas 2 et 3 de l'article 41, d'une part, que les "copies ou reproductions strictement réservées à l'usage privé du copiste et non destinées à une utilisation collective", et, d'autre part, que les analyses et les courtes citations dans un but d'exemple et d'illustration, "toute représentation ou reproduction intégrale, ou partielle, faite sans le consentement de l'auteur ou de ses ayants droit ou ayant cause, est illicite" (alinéa 1er de l'article 40).
Cette représentation ou reproduction, par quelque procédé que ce soit, constituerait donc une contrefaçon sanctionnée par les articles 425 et suivants du Code Pénal.

Copyright - Editions ENI - Août 2007
ISBN : 978-2-7460-3806-6
Imprimé en France

Editions ENI

ZAC du Moulin Neuf
Rue Benjamin Franklin
44800 St HERBLAIN

Tél : 02.51.80.15.15
Fax : 02.51.80.15.16

e-mail : editions@ediENI.com
http://www.editions-eni.com

Collection **MicroFluo** dirigée par Corinne HERVO

Avant

Propos

Cet ouvrage a été conçu a été conçu pour vous aider à retrouver rapidement les fonctions offertes par les applications Word, Excel, PowerPoint de la suite Microsoft Office 2007. Les manipulations sont détaillées et illustrées dans le but de faciliter leur application. Les captures d'écran ont été réalisées sous environnement Windows Vista.

Vous trouverez dans les dernières pages de cet ouvrage un **index thématique**.

Tout au long de ces pages, nous avons adopté les conventions typographiques suivantes :

Ce style de caractère est utilisé pour :

gras   indiquer une option du menu ou d'une boîte de dialogue à activer.

italique   un commentaire ou une remarque.

Ctrl   symboliser les touches du clavier; lorsque deux touches sont placées l'une à côté de l'autre, vous devez appuyer simultanément sur les deux touches.

Le symbole introduit :

▷   la manipulation à exécuter (activer une option, cliquer avec la souris...).

⇨   une remarque d'ordre général sur la commande en cours.

🖱   des manipulations à effectuer avec la souris.

[A]   des manipulations à effectuer avec le clavier.

     des manipulations à effectuer à l'aide du ruban.

Table des Matières

WORD 2007

1.1 L'environnement 1
1.2 Les documents 3
1.3 La gestion du texte 5
1.4 La présentation du document 9
1.5 Les thèmes\styles\modèles 16
1.6 Les révisions de texte 20
1.7 Les long documents 24
1.8 Les tableaux 30
1.9 La mise en page/l'impression 36
1.10 Le mailing 39

EXCEL 2007

2.1 L'environnement 44
2.2 Les classeurs et les feuilles de calcul 46
2.3 Déplacements/sélections dans une feuille 49
2.4 La saisie et modification des données 51
2.5 Les copies et déplacements 53
2.6 Les zones nommées 54
2.7 Les calculs 56
2.8 La présentation du tableau 59
2.9 L'impression 68
2.10 Les graphiques 71
2.11 Les filtres 77
2.12 Les tableaux croisés dynamiques 79

POWERPOINT 2007

- 3.1 L'environnement 82
- 3.2 Présentation et modèles 85
- 3.3 Diapositives 87
- 3.4 Le mode Masque 89
- 3.5 Thèmes et arrière-plan 93
- 3.6 Le texte 96
- 3.7 La présentation du texte 98
- 3.8 Les diaporamas 101
- 3.9 Les animations 103
- 3.10 Impression 106
- 3.11 Pages Web 109

FONCTIONS COMMUNES

- 4.1 L'environnement 111
- 4.2 Les fichiers 113
- 4.3 Le texte 116
- 4.4 Les graphiques 118
- 4.5 Les relations entre applications 123

ANNEXE

Index thématique 124

1.1 L'environnement

A- Lancer/quitter Word 2007

Lancer Microsoft Word 2007

▷ Si vous travaillez sous Windows XP, cliquez sur le bouton **démarrer** visible dans la barre des tâches, pointez l'option **Tous les programmes** puis l'option **Microsoft Office** et cliquez sur **Microsoft Office Word 2007**.
Si vous travaillez sous Windows Vista, cliquez sur le bouton **démarrer** visible dans la barre des tâches, pointez l'option **Tous les programmes**, cliquez sur l'option **Microsoft Office** puis sur **Microsoft Office Word 2007**.

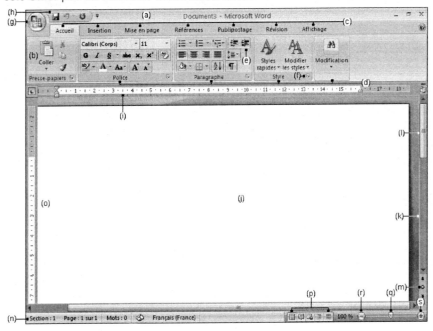

(a) La **barre de titre** et des **icônes** contient les boutons **Réduire** (-), **Niveau inférieur** (▢) (ou **Agrandir** (▢)) permettant de gérer la fenêtre et le bouton **Fermer** (X) permettant de fermer l'application Word. Au centre, le nom du document actif est suivi du nom de l'application.

(b) Le **Ruban** comporte la majorité des commandes de l'application, regroupées par tâches, chacune de ces tâches étant représentée par un **onglet** (c). Chaque onglet présente plusieurs **groupes de commandes** (d) dans lesquels vous visualisez des **boutons de commande** (e) permettant de réaliser la plupart des manipulations. Certains des groupes présentent un **lanceur de boîte de dialogue** (f) permettant d'afficher une boîte de dialogue ou un volet Office donnant accès à des options supplémentaires.
La sélection de certains objets fait apparaître des onglets supplémentaires, appelés onglets contextuels, qui s'affichent à droite des onglets.

Microsoft Office 2007

(g) Le **bouton Microsoft Office** ouvre un menu donnant accès aux fonctionnalités de base de l'application mais aussi à d'autres fonctionnalités comme celle permettant de paramétrer l'application Word.

(h) La barre d'outils **Accès rapide** contient les outils les plus fréquemment utilisés.

(i) La **règle** : pour afficher/masquer les règles, cliquez sur le bouton ![] visible en haut de la barre de défilement vertical.

(j) La **zone de travail** : il s'agit de l'espace dans lequel les textes seront saisis et mis en forme.

(k)/(l) Les **barres** et **curseurs de défilement** permettent de faire défiler le document.

(m) Le bouton **Sélectionner l'objet parcouru** permet de se déplacer dans le document en fonction du type d'élément qu'il contient.

(n) La **barre d'état** est utilisée pour afficher des informations sur l'environnement de Word. Pour la personnaliser, cliquez dessus avec le bouton droit de la souris puis cliquez sur les options souhaitées pour les activer.

(o) La **barre de sélection**.

(p) Le **mode d'affichage** (Page, Lecture plein écran, Web, Plan, Brouillon).

(q) Le curseur **Zoom** et les boutons **Zoom arrière** (r) et **Zoom avant** (s) permettent de modifier le zoom d'affichage.

⇨ Il est possible qu'un raccourci sous forme d'icône ait été créé sur le bureau de Windows. Dans ce cas, un double clic sur l'icône Microsoft Office Word 2007 permet de lancer l'application.

Quitter Word 2007

▷ Cliquez sur le bouton **Microsoft Office** puis sur le bouton **Quitter Word** visible dans la partie inférieure droite du menu ou `Alt` `F4`. Si un seul document est ouvert, vous pouvez également cliquer sur le bouton `x`.

▷ Si vous tentez de quitter Word alors que l'enregistrement d'un document n'a pas été fait, un message d'alerte s'affiche. Cliquez alors sur **Oui** pour enregistrer, sur **Non** pour quitter sans enregistrer ou sur **Annuler** pour ne pas quitter Word.

B - Afficher/masquer les marques de mise en forme

La visualisation de ces marques permet de repérer facilement les changements de paragraphe, les espaces...

▷ Pour afficher (ou masquer) les marques de mise en forme, activez ou désactivez le bouton ¶ visible dans le groupe **Paragraphe** de l'onglet **Accueil**.

```
                    marque de la touche Espace
┌─────────────────────────────────────────────────────────────┐
│ Abonnez-moi vite à votre merveilleux magazine pour un prix  │
│ total de 47 euros au lieu de 57 euros.                      │
│ Je fais ainsi une économie de 10 euros.¶                    │
│ Je règle mon abonnement par chèque postal libellé à l'ordre │
│ de Société Plaisir de l'évasion¶                            │
│ ¶                                    ⌐ espace insécable     │
│ Nom      →                                                ¶ │
│ Prénom   →                                                ¶ │
└─────────────────────────────────────────────────────────────┘
       marque de la touche Tab          marque de la touche Entrée
```

C- Changer le mode d'affichage

▷ Le mode **Page** permet de visualiser toute la page, y compris les marges ainsi que la disposition réelle de la page (présentation en colonnes, par exemple). C'est le mode d'affichage actif à l'ouverture d'un document.

▷ Le mode **Brouillon** affiche le document avec une mise en forme très sommaire et certains éléments (en-têtes et pieds de page, notes de bas de page, images...) ne sont pas visibles.

▷ En mode **Lecture plein écran**, Word masque le ruban et affiche le document dans une taille qui offre la meilleure lisibilité possible. Ce mode n'affiche pas le document tel qu'il sera imprimé.

▷ Le mode **Plan** permet d'afficher le plan d'un document dans le but de réorganiser sa structure (cf. 1.7 - Les longs documents - E).

▷ Pour activer l'un de ces modes, cliquez sur le bouton correspondant dans l'onglet **Affichage**, groupe **Affichages document** ou sur le bouton visible dans la partie droite de la barre d'état :

⇨ Vous pouvez également utiliser le raccourci-clavier [Ctrl][Alt] **P** pour activer le mode Page et [Ctrl][Alt] **N** pour activer le mode Brouillon.

1.2 Les documents

A- Créer un nouveau document

Créer un nouveau document vierge

▷ Bouton 🗔 - **Nouveau**

La boîte de dialogue **Nouveau document** apparaît à l'écran.

▷ Veillez à ce que la catégorie **Vierge et récent** soit sélectionnée dans la zone **Modèles** puis faites un double clic sur le modèle **Document vierge** visible dans le volet central.

⇨ Le raccourci-clavier [Ctrl] **N** crée un nouveau document vierge sans l'intermédiaire de la boîte de dialogue **Nouveau document**.

Créer un nouveau document basé sur un document existant

▷ Bouton 🗔 - **Nouveau**
▷ Dans la zone **Modèles**, cliquez sur **Créer à partir d'un document existant**.
▷ Accédez au dossier où se trouve le document puis faites un double clic sur le document concerné.

Le contenu du document sélectionné précédemment apparaît dans un nouveau document nommé **Documentn**.

B - Créer un document basé sur un modèle

Cette manipulation vous permet d'utiliser les styles et les éléments du modèle.

- **Utiliser un modèle personnalisé**

  Un modèle personnalisé est un modèle que vous avez créé vous-même.

▷ Bouton - **Nouveau**
▷ Dans la zone **Modèles**, sélectionnez la catégorie **Mes modèles**.

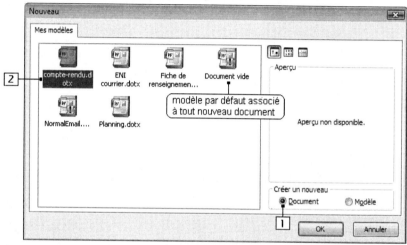

1 Assurez-vous que cette option est active.
2 Faites un double clic sur le nom du modèle à utiliser.

⇨ La liste des **Modèles récemment utilisés** est visible dans la boîte de dialogue **Nouveau document** (catégorie **Vierge et récent**). Pour créer un document basé sur un de ces modèles, il suffit de faire un double clic sur le nom du modèle souhaité.

- **Utiliser un modèle prédéfini**

  Vous disposez d'une liste de modèles prédéfinis installés sur votre ordinateur.

▷ Bouton - **Nouveau**
▷ Dans la zone **Modèles**, cliquez sur la catégorie **Modèles installés**.
▷ Veillez à ce que l'option **Document** soit active.
▷ Faites un double clic sur l'aperçu du modèle à utiliser.

⇨ Pour utiliser un modèle proposé sur le site Web Microsoft Office Online, dans la zone **Microsoft Office Online** de la fenêtre **Nouveau document**, cliquez sur la catégorie correspondant au document que vous souhaitez créer. Sélectionnez un modèle et cliquez sur le bouton **Télécharger**.

1.3 La gestion du texte

A- Déplacer le point d'insertion sur un élément

▷ Pour atteindre un point précis, faites glisser le curseur de défilement puis cliquez.

▷ Pour faire défiler un document en fonction des éléments qu'il contient, cliquez sur le bouton ⊙ puis sur le bouton représentant l'élément grâce auquel vous souhaitez vous déplacer : utilisez ensuite les boutons ⬆ et/ou ⬇ (ils apparaissent en bleu) pour vous déplacer d'élément en élément.

⇨ *Pour atteindre un élément précis du document (page, section, signet, note...), dans l'onglet* **Accueil***, ouvrez la liste associée au bouton* **Rechercher** *du groupe* **Modification** *puis cliquez sur l'option* **Atteindre***, ou cliquez sur l'information* **Page** *visible dans la barre d'état ou* Ctrl **B***. Indiquez ensuite le type d'élément à atteindre puis son* **Numéro** *ou son* **Nom***.*

B- Sélectionner du texte

Un mot	double clic sur le mot.
Une ligne	pointez à gauche de la ligne et cliquez une fois.
Un paragraphe	pointez à gauche du paragraphe et faites un double clic.
Une phrase	pointez sur la phrase, maintenez la touche Ctrl enfoncée puis cliquez une fois.
Un groupe de caractères	"cliqué-glissé" : faites glisser la souris de façon à étendre la sélection.
	"⇧ Shift clic" : cliquez avant le premier caractère à sélectionner, pointez après le dernier, maintenez la touche ⇧ Shift enfoncée et cliquez.
Plusieurs groupes de caractères	Sélectionnez le premier bloc de texte, maintenez la touche Ctrl enfoncée puis sélectionnez les autres blocs de texte.
Tout le document	pointez à gauche du texte et faites un triple clic ou maintenez la touche Ctrl enfoncée et cliquez une fois à gauche du texte.

▷ Placez le point d'insertion avant le premier caractère à sélectionner, appuyez sur la touche ⇧ Shift et, sans la relâcher, utilisez les touches de déplacement nécessaires à la sélection, ou, placez le point d'insertion dans le texte à sélectionner puis appuyez sur F8 (le mode Extension de sélection est alors actif), faites F8 deux, trois, quatre, cinq, six fois pour sélectionner le mot, la phrase, le paragraphe, la section, le document entier. Quittez le mode Extension par Echap.

⇨ *Pour sélectionner du texte verticalement, maintenez la touche* Alt *enfoncée durant le cliqué-glissé.*

⇨ *Pour sélectionner tout le document, vous pouvez également cliquer sur l'option* **Sélectionner tout** *associée au bouton* **Sélectionner** *(onglet* **Accueil** *- groupe* **Modification***).*

C- Saisir du texte

▷ Positionnez le point d'insertion, tapez le texte "au kilomètre" sans vous soucier des retours à la ligne, appuyez sur la touche [Entrée] pour changer de paragraphe. Utilisez les touches suivantes :

[⇧ Shift][Entrée] pour changer de ligne.
[Ctrl][Entrée] pour insérer un saut de page.
[⇄] pour accéder au taquet de tabulation suivant.

▷ Pour commencer la saisie d'un texte n'importe où sur la page, positionnez le pointeur de la souris où vous voulez saisir le texte, faites un clic, si besoin est, pour activer le pointeur cliquer-taper (le pointeur de la souris, selon sa position, indique l'alignement du futur texte (à gauche $I^=$, centré $\stackrel{I}{=}$ ou à droite $^=I$) puis faites un double clic.

Word insère des paragraphes vides et/ou une tabulation pour positionner le point d'insertion à l'endroit désiré.

▷ Pour saisir du texte mis en valeur, activez la mise en valeur, tapez le texte puis désactivez la mise en valeur.

▷ Lorsque vous saisissez les premiers caractères de la date du jour, d'un jour de la semaine, d'un mois, ou de certaines formules de politesse, Word peut vous proposer la fin du mot ou de l'expression ; il suffit alors d'appuyer sur [Entrée] pour accepter la saisie ou sinon, de continuer à saisir.

⇨ Par défaut, le mode Insertion est actif (les caractères saisis s'insèrent entre les caractères existants). Pour pouvoir activer et désactiver le mode Refrappe (les caractères saisis remplacent alors les caractères existants) à l'aide de la touche [Inser] vous devez cocher l'option **Utiliser la touche Inser pour contrôler le mode Refrappe** de la boîte de dialogue **Options Word** (bouton 🗔 - bouton **Options Word** - catégorie **Options avancées** - zone **Options d'édition**).

⇨ Pour regrouper deux paragraphes, déplacez le point d'insertion à la fin du premier paragraphe puis appuyez sur la touche [Suppr] afin de supprimer le caractère de validation qui sépare les paragraphes.

⇨ Pour corriger une faute en cours de frappe, cliquez avec le bouton droit de la souris sur le mot concerné puis sélectionnez la bonne orthographe.

D-Utiliser des taquets de tabulation

▷ Au besoin, tapez le texte de début de ligne.
▷ Pour atteindre le taquet suivant, appuyez sur la touche [⇄].

Les taquets prédéfinis de Word sont posés tous les 1,25 cm. Ils apparaissent sous la règle, représentés par des petits traits verticaux gris.

▷ Pour revenir sous le taquet précédent, appuyez sur la touche [←].

E- Insérer des éléments particuliers

Date système

▷ ![icon] Onglet **Insertion** - groupe **Texte** - bouton **Date et heure**

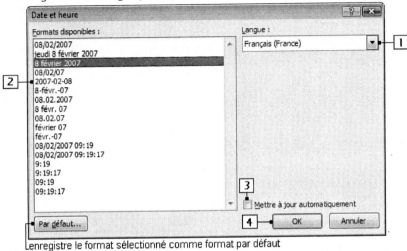

[1] Sélectionnez, si besoin est, la langue dans laquelle les formats de date et d'heure doivent apparaître.

[2] Sélectionnez le format de votre choix.

[3] Activez cette option pour que la date soit mise à jour automatiquement à chaque ouverture du document.

[4] Insérez la date.

[A] ▷ Positionnez le point d'insertion puis tapez [Alt] [⇧ Shift] **D**.

⇨ Pour mettre à jour la date système, cliquez sur la date puis sur l'option **Mettre à jour**.

Symboles

▷ Onglet **Insertion** - groupe **Symboles** - bouton **Symbole**

▷ Si un des symboles proposés vous convient, cliquez dessus pour l'insérer sinon, cliquez sur l'option **Autres Symboles**.

▷ Sélectionnez la **Police** dans la liste correspondante.

▷ Faites un double clic sur le caractère à insérer.

▷ Fermez la boîte de dialogue en cliquant sur le bouton **Fermer**.

⇨ Lorsqu'un caractère spécial a été inséré dans le document en cours, un double clic dessus permet d'atteindre rapidement la boîte de dialogue **Caractères spéciaux**.

Trait d'union/espace insécable

L'insertion d'un de ces caractères entre deux mots empêche une rupture de ligne entre ces mots.

▷ Si les textes sont déjà saisis, supprimez l'espace ou le trait d'union existant puis tapez :
[Ctrl] _ pour insérer un trait d'union insécable
[Ctrl][û Shift][Espace] pour insérer un espace insécable

⇨ Pour insérer une équation mathématique prédéfinie, ouvrez la liste associée au bouton **Equation** (onglet **Insertion** - groupe **Symboles**) et cliquez sur l'équation voulue. Pour créer une équation, cliquez sur le bouton **Equation** et construisez-la à l'aide des options des groupes **Structures** et **Symboles**.

F- Saisir une liste à puces ou numérotée

▷ Vérifiez que l'option **Listes à puces automatiques** ou **Listes numérotées automatiques** est cochée dans la boîte de dialogue **Correction automatique** (bouton - bouton **Options** - catégorie **Vérification** - bouton **Options de correction automatique** - onglet **Lors de la frappe**).

▷ Pour créer une liste à puces avec les symboles ●, ➢ ou -, saisissez le caractère *, > ou - (tiret) puis appuyez sur la touche [Espace] ou la touche [⇄].

Pour créer une liste numérotée, saisissez la valeur **1** suivie d'un point (.), d'un tiret (-), d'une parenthèse fermante ou du signe > puis appuyez sur la touche [Espace] ou sur la touche [⇄].

▷ Saisissez le texte de la première ligne puis appuyez sur la touche [Entrée]. Poursuivez la saisie de la liste en appuyant sur la touche [Entrée] à la fin de chaque ligne.

▷ Pour terminer la liste, appuyez à deux reprises sur la touche [Entrée].

G- Créer une insertion automatique

Une insertion automatique permet de mémoriser un texte répétitif (formule de politesse, adresse...).

▷ Si l'insertion automatique concerne un certain type de documents créés à partir d'un modèle précis, ouvrez un document lié à ce modèle.

▷ Saisissez le contenu de l'insertion automatique en envisageant, au besoin, sa présentation puis sélectionnez-le.

▷ Onglet **Insertion** - groupe **Texte** - bouton **QuickPart** - option **Enregistrer la sélection dans la galerie de composants QuickPart**.

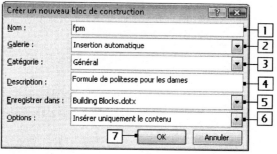

[1] Précisez le nom de l'insertion automatique.

2. Sélectionnez l'option **Insertion automatique**.

3. Sélectionnez une des catégories proposées dans la liste ou cliquez sur l'option **Créer une catégorie** pour créer une nouvelle catégorie.

4. Saisissez éventuellement une description.

5. Sélectionnez le modèle dans lequel sera enregistrée l'insertion automatique.

6. Si le contenu de l'insertion automatique doit apparaître dans un nouveau paragraphe ou seule sur une nouvelle page, sélectionnez l'option **Insérer le contenu dans son paragraphe** ou **Insérer du contenu dans sa propre page**.

7. Créez l'insertion automatique.

⇨ Les insertions automatiques seront définitivement créées lorsque le modèle correspondant aura été enregistré : si les insertions automatiques ont été ajoutées dans un autre modèle que Normal, l'enregistrement est proposé lors de la fermeture du document ou lors de son enregistrement.

H-Utiliser une insertion automatique

▷ Tapez le nom de l'insertion automatique à utiliser puis faites [F3].

▷ Positionnez le point d'insertion.

▷ Onglet **Insertion** - groupe **Texte** - bouton **QuickPart** - option **Organisateur de blocs de construction**.

▷ Si besoin est, cliquez une fois sur l'en-tête de colonne **Galerie** pour trier les blocs de construction par galerie et faites défiler le contenu de la liste pour visualiser la galerie **Insertion automatique**.

▷ Sélectionnez l'insertion automatique puis cliquez sur le bouton **Insérer**.

⇨ Pour modifier les propriétés d'une insertion automatique, sélectionnez-la dans la boîte de dialogue **Organisateur de blocs de construction** puis cliquez sur le bouton **Modifier les propriétés**.

⇨ Pour supprimer une insertion automatique, sélectionnez-la dans la boîte de dialogue **Organisateur de blocs de construction**, cliquez sur le bouton **Supprimer** puis confirmez par le bouton **Oui**.

⇨ Pour modifier le contenu d'une insertion automatique, vous devez la recréer sous le même nom.

1.4 La présentation du document

A-Provoquer des retraits de paragraphe

▷ Onglet **Accueil** - groupe **Paragraphe** - bouton

▷ Cliquez sur l'onglet **Retrait et espacement**.

▷ Dans la zone **Retrait**, déterminez dans l'unité de mesure précisée, quelles doivent être les valeurs des retraits à appliquer puis cliquez sur **OK**.

▷ Faites glisser chaque marque de retrait selon la présentation souhaitée :

```
           ▽ — marque de retrait positif
              de première ligne
[règle avec graduations 1 à 17]
           △ — marque de retrait négatif        marque de retrait —
              de première ligne                 à droite
   |
marque de retrait à gauche
```

⇨ Pour faire un retrait positif ou négatif de la première ligne, vous pouvez aussi cliquer plusieurs fois sur le bouton ⬜ à gauche de la règle afin de faire apparaître les boutons ⬜ (retrait positif) ou ⬜ (retrait négatif) puis cliquer sous la marque de graduation correspondant à la future position du retrait.

⇨ Les boutons ⬜ et ⬜ visibles dans le groupe **Paragraphe** de l'onglet **Accueil** permettent de diminuer ou d'augmenter le retrait gauche.

⇨ Si l'option **Définir les retraits à gauche et de 1re ligne à l'aide des touches TAB et RET. ARR.** de la boîte de dialogue **Correction automatique** est cochée (bouton ⬜ - bouton **Options Word** - **Vérification** - **Options de correction automatique** - onglet **Lors de la frappe**), la touche ⬜ augmente le retrait gauche et la touche ⬜ le diminue.

B - Modifier l'alignement des paragraphes

Alignement	🖱	[A]
Gauche	≡	Ctrl ⇧Shift G
Centré	≡	Ctrl E
Droit	≡	Ctrl ⇧Shift D
Justifié	≡	Ctrl J

⇨ Ces alignements sont également accessibles par la boîte de dialogue **Paragraphe**, onglet **Retrait et espacement**.

C - Modifier la valeur de l'interligne

▷ Onglet **Accueil** - groupe **Paragraphe** - bouton ⬜
▷ Cliquez sur l'onglet **Retrait et espacement** et choisissez la valeur de l'**Interligne**.
▷ Cliquez sur **OK**.

⇨ *Vous pouvez aussi ouvrir la liste associée au bouton [≡▾] du groupe **Paragraphe** (onglet **Accueil**) puis cliquer sur la valeur correspondant à l'interligne souhaité ; **Options d'interligne** ouvre la boîte de dialogue **Paragraphe**.*

D - Modifier l'espacement entre les paragraphes

▷ Dans l'onglet **Accueil** - groupe **Paragraphe** - bouton 🗔
▷ Cliquez sur l'onglet **Retrait et espacement**.
▷ À l'intérieur de la zone **Espacement**, déterminez la valeur de l'espace à laisser **Avant** et/ou **Après** le paragraphe puis cliquez sur **OK**.

⇨ *Au clavier, tapez [Ctrl] 0 (clavier alphanumérique) pour laisser la valeur d'une ligne vide (12 pt) au-dessus du paragraphe (faites de nouveau [Ctrl] 0 pour annuler).*

E - Empêcher une rupture entre des lignes/paragraphes

▷ Si le saut de page/colonne doit être interdit dans un paragraphe, sélectionnez le paragraphe ; s'il doit être empêché entre deux paragraphes, cliquez dans le premier ; s'il doit être empêché entre plusieurs paragraphes, sélectionnez les paragraphes concernés mais pas le dernier.
▷ Dans l'onglet **Accueil** - groupe **Paragraphe** - bouton 🗔
▷ Cliquez sur l'onglet **Enchaînements**.

```
                    ┌─ empêche la rupture entre les paragraphes
  Pagination
      ☑ Éviter veuves et orphelines
    ┌─ ☐ Paragraphes solidaires
    └─ ☐ Lignes solidaires
       ☐ Saut de page avant
  └─ empêche la rupture au sein d'un paragraphe
```

▷ Cochez l'option **Éviter veuves et orphelines** pour empêcher que les lignes d'un paragraphe se retrouvent en haut d'une page ou que la première ligne d'un paragraphe se retrouve en bas d'une page.

F - Annuler des mises en forme de paragraphes

▷ Pour appliquer au paragraphe courant ou aux paragraphes sélectionnés la mise en forme standard, tapez [Ctrl] **Q**.

⇨ *Pour modifier la mise en forme standard des paragraphes, modifiez le style appelé Normal.*

G - Tracer des bordures autour des paragraphes

▷ Sélectionnez les paragraphes concernés (y compris les marques ¶).
▷ Onglet **Accueil** - groupe **Paragraphe** - bouton [▦▾] - option **Bordure et trame**

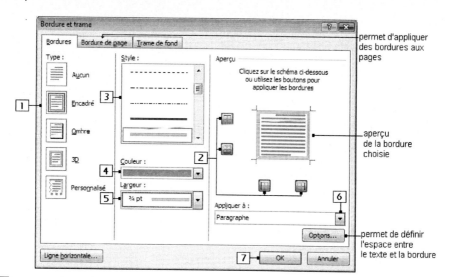

1. Sélectionnez le type **Encadré**.
2. Si besoin, utilisez ces boutons pour supprimer les bordures correspondantes.
3. Sélectionnez le style de bordure souhaité.
4. Sélectionnez la couleur à appliquer à la bordure ; les couleurs associées à la zone **Couleurs du thème** sont liées au thème appliqué au document (cf. 1.5 - Les thèmes/styles/modèles).
5. Choisissez l'épaisseur de bordure souhaitée.
6. Veillez à ce que l'option **Paragraphe** soit sélectionnée.
7. Cliquez sur le bouton **OK**.

⇨ Vous pouvez aussi cliquer sur une des options de la liste associée à ▦ (onglet **Accueil** - groupe **Paragraphe**) pour appliquer une bordure possédant les propriétés spécifiées dans la boîte de dialogue **Bordure et trame**. L'option **Aucune bordure** supprime tous les filets d'une bordure.

⇨ L'encadrement se fait entre les retraits gauche et droit. Il suffit de déplacer ces retraits pour modifier la largeur de la bordure.

⇨ Pour encadrer des caractères, sélectionnez-les et procédez de la même façon que pour un paragraphe. L'option **Texte** est alors sélectionnée dans la liste **Appliquer à**.

H-Appliquer une couleur au fond d'un paragraphe

▷ Sélectionnez les paragraphes concernés (y compris les marques ¶).
▷ Dans l'onglet **Accueil**, groupe **Paragraphe**, ouvrez la liste associée au bouton ▦.
▷ Sélectionnez une des couleurs proposées ou cliquez sur **Autres couleurs** pour en sélectionner une autre.

▷ Sélectionnez les paragraphes concernés (y compris les marques ¶).

▷ Onglet **Accueil** - groupe **Paragraphe** - bouton [▥▾] - option **Bordure et trame** - onglet **Trame de fond**

▷ Choisissez la couleur du fond dans la zone **Remplissage**.

▷ Choisissez le pourcentage ou le motif dans la liste **Style**.

▷ Choisissez la **Couleur** du motif dans la liste correspondante.

▷ Cliquez sur **OK**.

I- Poser un taquet de tabulation

La pose de taquets de tabulation permet d'aligner de façon précise le texte lorsque vous utilisez la touche [⇄].

▷ Sélectionnez le ou les paragraphes concernés ou cliquez dans le paragraphe.

▷ Cliquez une ou plusieurs fois sur le bouton situé à gauche de la règle pour faire apparaître le type de taquet souhaité :

[L]	taquet gauche	[⊥]	taquet centré
[⌐]	taquet droit	[⊥.]	taquet décimal
[l]	taquet barre		

▷ Cliquez dans la règle sous la marque de graduation correspondant à la future position du taquet.

⇨ Vous pouvez aussi utiliser la boîte de dialogue **Paragraphe** (onglet **Accueil** - groupe **Paragraphe** - bouton [▧]).

▷ Pour déplacer un taquet, faites glisser la marque du taquet dans la règle jusqu'à sa nouvelle position.

▷ Pour supprimer un taquet, faites glisser la marque du taquet en dehors de la règle. Pour supprimer tous les taquets, cliquez sur le bouton **Effacer tout** de la boîte de dialogue **Tabulations** (cf. titre précédent).

J- Afficher la mise en forme appliquée à un texte

▷ Cliquez sur le paragraphe ou sélectionnez le texte concerné.

▷ Onglet **Accueil** - groupe **Style** - bouton [▧]

▷ Cliquez sur le bouton **Inspecteur de style** [▧] dans la partie inférieure de la fenêtre **Styles**.

▷ Cliquez sur le bouton [▧] dans la partie inférieure du volet **Inspecteur de style**.

Microsoft Office 2007

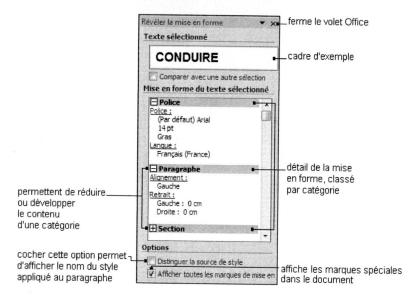

▷ Pour sélectionner tous les paragraphes ou textes ayant une mise en forme identique au paragraphe actif ou au texte sélectionné, ouvrez la liste associée au cadre d'exemple, puis cliquez sur **Sélectionner tout le texte ayant une mise en forme similaire**.

▷ Pour appliquer au texte sélectionné la mise en forme du mot précédent, ouvrez la liste associée au cadre d'exemple, puis cliquez sur l'option **Appliquer la mise en forme du texte voisin**.

▷ Pour annuler la mise en forme du texte sélectionné ou du paragraphe actif, ouvrez la liste associée au cadre d'exemple, puis cliquez sur l'option **Effacer la mise en forme**.

K- Insérer une page de garde

Une page de garde est une page qui s'insère au début du document et dont le contenu introduit les pages suivantes. Word met à votre disposition une galerie de pages de garde prédéfinies.

▷ Onglet **Insertion** - groupe **Pages** - bouton **Page de garde**
▷ Dans la liste qui s'affiche, cliquez sur la page de garde à insérer.
▷ Complétez ou modifiez le contenu de la page de garde : cliquez sur la zone à renseigner puis saisissez le texte souhaité ou sélectionnez l'information à insérer.

Certaines zones de texte reprennent les propriétés définies pour le document (**Titre, Sous-titre, Auteur...**).

⇨ Word tient compte de la page de garde lors de la numérotation des pages : la page qui suit la page de garde est numérotée 2.

⇨ L'option **Supprimer la page de garde actuelle** du bouton **Page de garde** permet de supprimer cette page.

⇨ Pour insérer une page vierge, cliquez, dans votre document, à l'endroit où vous souhaitez insérer la nouvelle page puis cliquez sur l'onglet **Insertion** - groupe **Pages** - bouton **Page vierge**.

L - Présenter les paragraphes avec des puces/numéros

▷ Sélectionnez les paragraphes concernés.
▷ Dans l'onglet **Accueil**, ouvrez la liste associée au bouton **Puces** ou au bouton **Numérotation**.
▷ Cliquez sur un des styles de puces/numéros proposés dans la Bibliothèque.
▷ Pour appliquer une autre puce/un autre numéro, cliquez, dans la liste, sur l'option **Définir une puce** ou **Définir un nouveau format de numérotation**.

⇨ Cliquer directement sur le bouton ou permet d'ajouter la dernière puce ou le dernier numéro utilisé.

⇨ Pour supprimer les puces/les numéros appliqués aux paragraphes sélectionnés, désactivez le bouton ou .

M - Présenter du texte sur plusieurs colonnes

▷ Cliquez dans la section concernée ou sélectionnez le texte concerné.
▷ Onglet **Mise en page** - groupe **Mise en page** - bouton **Colonnes**
▷ Cliquez sur une des présentations proposées dans la liste ou, pour personnaliser la présentation des colonnes, cliquez sur l'option **Autres colonnes** :

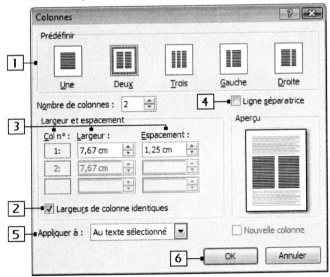

1 Sélectionnez la présentation générale attendue.
2 Indiquez si les colonnes doivent avoir la même largeur.
3 Modifiez, au besoin, la largeur et l'espacement des colonnes.
4 Précisez si les colonnes doivent être séparées par une ligne.

Microsoft Office 2007

5 Indiquez la partie de texte concernée par cette présentation.
6 Validez.

⇨ Pour visualiser le multicolonnage, le mode d'affichage Page doit être actif.
⇨ Pour insérer un saut de colonne, tapez Ctrl ⇧ Shift Entrée.

1.5 Les thèmes/styles/modèles

A- Appliquer un thème au document

▷ Ouvrez le document concerné.
▷ Onglet **Mise en page** - groupe **Thèmes** - bouton **Thèmes**

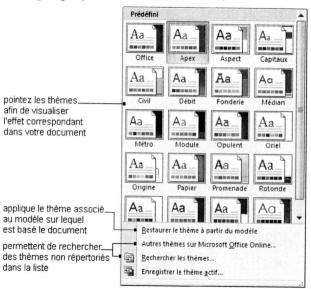

pointez les thèmes afin de visualiser l'effet correspondant dans votre document

applique le thème associé au modèle sur lequel est basé le document

permettent de rechercher des thèmes non répertoriés dans la liste

▷ Cliquez sur le bouton correspondant au thème à appliquer.

La présentation des éléments auxquels sont associés les polices, les couleurs et les effets d'un thème change en fonction du thème choisi.

B- Créer un style

Un style contient des caractéristiques de mises en valeur de caractères, de paragraphes et/ou de tableaux applicables à n'importe quel texte.

Première méthode

Cette technique permet de créer uniquement un style de type **Lié** qui réunit les mises en forme de caractères et de paragraphes.

▷ Ouvrez le modèle ou le document concerné.

▷ Élaborez, si besoin est, la mise en forme à mémoriser dans le style.
▷ Cliquez avec le bouton droit de la souris dans le texte mis en forme, pointez l'option **Styles** puis cliquez sur **Enregistrer la sélection en tant que nouveau style rapide**.
▷ Spécifiez le **Nom** du style et cliquez sur **OK**.

Le nouveau style est désormais visible dans la galerie **Styles rapides** et s'applique au paragraphe en cours.

⇨ Pour baser un style sur une mise en forme existante, vous pouvez aussi afficher le volet **Styles** (onglet **Accueil** - groupe **Style** - bouton ▣) puis cliquer sur le bouton **Nouveau style** ▨.

Deuxième méthode

▷ Ouvrez le modèle ou le document concerné.
▷ Si le style à créer doit reprendre la mise en forme d'un paragraphe existant, cliquez dans le paragraphe concerné.
▷ Onglet **Accueil** - groupe **Style** - bouton ▣
▷ Cliquez sur le bouton **Nouveau style** ▨ du volet **Styles**.

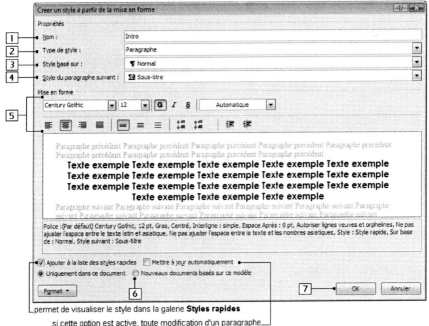

1 Saisissez le nom du style.
2 Sélectionnez le type de style à créer (par défaut **Paragraphe** est sélectionné).
3 Sélectionnez éventuellement le style à partir duquel le nouveau style doit être élaboré.

Microsoft Office 2007

4 Dans le cas de la création d'un style de **Paragraphe** ou d'un style **Lié**, choisissez le style qui sera automatiquement appliqué au paragraphe suivant lors de la saisie.

5 Élaborez la mise en valeur à insérer dans le style.

6 Activez cette option pour ajouter le style au modèle du document actif.

7 Créez le style.

Le nom du style apparaît désormais dans la fenêtre **Styles** et s'applique au paragraphe actif. Les styles de tableau sont visibles dans le groupe **Styles de tableau** de l'onglet **Création** lié à l'outil contextuel **Outils de tableau**.

⇒ Pour exploiter le style dans plusieurs documents, vous devez le créer dans un modèle de document.

⇒ Pour imprimer la liste des styles, cliquez sur le bouton puis sur **Imprimer**. Dans la première liste **Imprimer**, sélectionnez l'option **Styles** et cliquez sur **OK**.

C - Appliquer un style de caractères ou de paragraphe

▷ Sélectionnez le texte concerné (style de caractères) ou le ou les paragraphes concernés (style de paragraphe).

▷ Onglet **Accueil** - groupe **Style** - bouton

Dans le volet **Styles**, les styles de paragraphe sont suivis du symbole ¶, les styles de caractères du symbole **a** et les styles de paragraphe et de caractères (styles **Lié**), du symbole ¶a.

▷ Cliquez sur le style à appliquer au texte.

⇒ Vous pouvez aussi appliquer certains styles via la galerie **Styles rapides** (onglet **Accueil** - groupe **Style**).

⇒ Pour sélectionner les textes possédant le même style, dans le volet **Styles**, faites un clic droit sur le style à sélectionner dans le document puis cliquez sur **Sélectionner toutes les occurrences**.

D - Changer le jeu de styles

Tous les jeux de styles contiennent les mêmes styles auxquels ont été attribuées des mises en forme différentes.

▷ Onglet **Accueil** - groupe **Style** - bouton **Modifier les styles** - option **Jeu de styles**

▷ Pointez les jeux de styles proposés afin de visualiser leur effet dans le document puis cliquez sur le jeu de styles à activer.

⇒ Pour revenir au jeu de styles associé au modèle sur lequel est basé le document, cliquez sur le bouton **Modifier les styles** (groupe **Style**), pointez l'option **Jeu de styles** puis cliquez sur **Restaurer les styles rapides à partir du modèle**.

E - Annuler l'application d'un style

▷ Sélectionnez les caractères concernés ou cliquez dans le paragraphe concerné.

▷ Dans le volet **Styles**, cliquez sur le bouton **Inspecteur de style**.

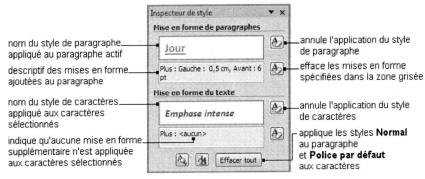

▷ Pour annuler l'application du style de paragraphe ou de caractères pour tous les textes possédant ce style, faites un clic droit sur le nom du style visible dans le volet **Inspecteur de style** et cliquez sur **Effacer la mise en forme des instances de n**.

Pour disposer de cette option, la zone grisée associée au style concerné doit afficher **<aucun>**.

F- Modifier/supprimer un style de caractères ou de paragraphe

▷ Ouvrez le document ou le modèle concerné puis affichez le volet **Styles** (onglet **Accueil** - groupe **Style** - bouton ▣).

▷ Ouvrez la liste associée au style à modifier ou à supprimer.

▷ Pour modifier le style, cliquez sur l'option **Modifier**, modifiez les caractéristiques du style puis cliquez sur **OK**.

▷ Pour supprimer le style, cliquez sur l'option **Supprimer**, puis confirmez la suppression.

⇨ Pour modifier un style, vous pouvez aussi élaborer les modifications de mise en valeur sur un texte possédant le style à modifier, ouvrir la liste associée au style dans le volet **Styles** puis cliquer sur **Mettre à jour pour correspondre à la sélection**.

⇨ Les styles prédéfinis de Word existant dans le modèle Normal ne peuvent pas être supprimés (Normal, Titre 1, Titre 2...).

G- Créer un modèle de document

Un modèle de document permet d'enregistrer des styles de présentation et/ou du texte afin d'automatiser votre travail.

▷ Bouton 🗔 - **Nouveau**

▷ Pour baser le nouveau modèle sur le modèle par défaut **Normal.dotm** ou sur un modèle personnalisé, sélectionnez la catégorie **Mes modèles** dans la zone **Modèles**.

▷ Pour baser le nouveau modèle sur un modèle prédéfini, sélectionnez la catégorie **Modèles installés**.

▷ Activez l'option **Modèle** de la zone **Créer un nouveau**.

▷ Faites un double clic sur l'icône du modèle à partir duquel vous souhaitez baser le nouveau.

▷ Élaborez les styles, les textes prédéfinis... du modèle.
▷ Bouton 🖫 - **Enregistrer** ou 🖫 ou `Ctrl` **S**

Word propose le dossier **Templates** comme dossier de classement.

▷ Saisissez le **Nom de fichier** puis cliquez sur **Enregistrer**.
⇨ Les modèles portent l'extension .dotx. Les modèles prenant en charge les macros portent l'extension .dotm
⇨ Le chemin d'accès du dossier **Templates** est par défaut : C:\Documents and Settings\ nom utilisateur\Application Data\Microsoft\Templates.
⇨ Les modèles prédéfinis de Word sont stockés dans le sous-dossier **1036** (C:\Program Files\Microsoft Office\Templates\1036).
▷ Pour modifier un modèle de document, ouvrez-le : cliquez sur 🖫 puis sur **Ouvrir** et, dans la barre de navigation, cliquez sur **Templates** (Windows Vista) ou sur **Modèles approuvés** (Windows XP).
⇨ Pour supprimer un modèle de document, sélectionnez-le dans la boîte de dialogue **Ouvrir** et appuyez sur la touche `Suppr`.

H-Changer le modèle associé à un document

Vous pouvez ainsi utiliser les styles d'un autre modèle que celui avec lequel vous avez créé le document en cours.

▷ Ouvrez le document auquel un autre modèle doit être associé.
▷ Bouton 🖫 - bouton **Options Word** - catégorie **Compléments**
▷ Sélectionnez l'option **Modèles** dans la liste **Gérer** puis cliquez sur le bouton **Atteindre**.
▷ Cliquez sur le bouton **Attacher** visible dans la zone **Modèle de document**.
▷ Si besoin est, faites un double clic sur le dossier contenant le modèle.
▷ Faites un double clic sur le nom du modèle à utiliser.
▷ Cochez l'option **Mise à jour automatique des styles de document**.
▷ Cliquez sur **OK**.

1.6 Les révisions de texte

A-Rechercher du texte

Par son contenu

▷ Positionnez le point d'insertion où Word doit commencer la recherche où sélectionnez le texte concerné.
▷ Onglet **Accueil** - groupe **Modification** - bouton **Rechercher** ou `Ctrl` **F**
▷ Cliquez éventuellement sur le bouton **Plus**.

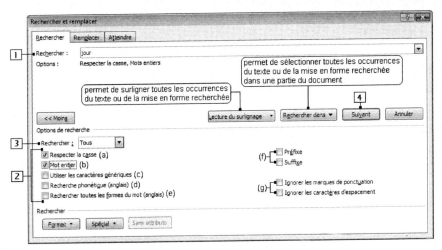

[1] Saisissez le texte à rechercher.

[2] Déterminez comment la recherche doit être réalisée :
 (a) pour trouver le mot cherché avec la combinaison exacte de majuscules et de minuscules.
 (b) si les textes cherchés constituent des mots à part entière.
 (c) pour rechercher du texte avec des caractères génériques, des caractères spéciaux, ou encore des opérateurs de recherche spéciaux tels que :
   ? recherche pour un caractère unique (?ous pour nous, vous, sous...)
   * recherche une chaîne de caractères (n*s pour Nantes, nos...).
   [ ] recherche des caractères spécifiés (pa[iy]e pour paie ou paye mais pas pâle).
   [!] recherche tous les caractères sauf ceux indiqués à l'intérieur des crochets (p[!li]re pour pare, pure mais pas pire).
   < recherche le début d'un mot (<(entre) pour entrer, entrelacement mais pas rentrer).
   > recherche la fin d'un mot ((contre)> pour rencontre mais pas contrepartie).
 (d) pour rechercher les mots anglais qui se prononcent comme le mot saisi dans la zone **Rechercher**, si la langue activée est l'anglais.
 (e) pour rechercher toutes les formes d'un mot anglais.
 (f) si les textes recherchés constituent le préfixe ou le suffixe d'un mot (exemple : "jour" est le préfixe de "journée" et le suffixe de "bonjour").
 (g) s'il faut ignorer les marques de ponctuation et/ou les espaces.

[3] Indiquez le sens de la recherche.

[4] Lancez la recherche.

▷ Si le premier texte trouvé est celui que vous recherchez, fermez la boîte de dialogue par **Annuler** ; sinon poursuivez la recherche par **Suivant**.

⇨ Lorsque la boîte de dialogue **Rechercher et remplacer** est fermée, vous pouvez poursuivre la recherche par ⇧Shift F4.

B - Remplacer un texte par un autre

▷ Placez le point d'insertion où Word doit commencer la recherche.
▷ Onglet **Accueil** - groupe **Modification** - bouton **Rechercher** ou `Ctrl` **H**
▷ Cliquez éventuellement sur le bouton **Plus**.
▷ Saisissez le texte à **Rechercher** dans la zone de saisie correspondante.
▷ Saisissez le nouveau texte dans la zone **Remplacer par**.
▷ Déterminez comment le remplacement doit être réalisé (cf. titre précédent).
▷ Cliquez sur le bouton **Suivant** pour lancer la recherche.
▷ Si les remplacements doivent être faits un à un, cliquez sur **Remplacer** pour remplacer la chaîne de caractères sélectionnée et rechercher l'occurrence suivante ou cliquez sur **Suivant** pour rechercher l'occurrence suivante sans effectuer de remplacement.
Si les remplacements doivent tous être réalisés en même temps, cliquez sur **Remplacer tout**.

⇨ Cette commande vous permet aussi de remplacer une mise en valeur par une autre ou une marque spéciale par une autre (bouton **Spécial**).

C - Vérifier l'orthographe/la grammaire d'un document

Lancer la vérification

▷ Si tout le texte doit être vérifié, placez le point d'insertion en haut du document ; si seule une partie de texte est concernée, sélectionnez-la.
▷ Onglet **Révision** - groupe **Vérification** - bouton **Grammaire et orthographe** ou `F7`
▷ Sélectionnez le dictionnaire à utiliser pour la vérification orthographique dans la liste **Langue du dictionnaire**.
▷ Choisissez de corriger ou non les fautes de grammaire (en plus des fautes d'orthographe) en cochant (ou décochant) l'option **Vérifier la grammaire**.

Gérer les mots correctement orthographiés

▷ Accédez à la boîte de dialogue **Grammaire et orthographe**.

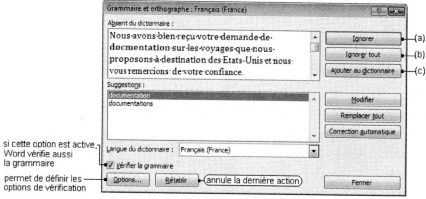

(a) laisse le mot inchangé et poursuit la vérification.

(b) "ignore" le mot et ses occurrences au cours de la vérification.
(c) ajoute le mot dans le dictionnaire sélectionné.

Corriger les mots mal orthographiés

▷ Accédez à la boîte de dialogue **Grammaire et orthographe**.
▷ Si le mot est proposé dans la liste des **Suggestions**, faites un double clic sur la bonne orthographe du mot. Si vous connaissez l'orthographe, saisissez le mot correct dans la zone de saisie **Absent du dictionnaire** puis cliquez sur **Modifier** ou sur **Remplacer tout** pour corriger l'erreur répétée dans tout le document.
▷ S'il s'agit d'une répétition, cliquez sur le bouton **Supprimer**.
⇨ Le bouton **Correction automatique** permet d'ajouter le mot mal orthographié et sa correction à la liste des corrections automatiques.

Utiliser le bouton Correction automatique

À chaque mot corrigé automatiquement en cours de frappe, Word associe le bouton d'option **Correction automatique** vous permettant éventuellement d'intervenir sur cette correction.

▷ Assurez-vous que l'option **Afficher les boutons d'options de correction automatique** de la boîte de dialogue **Correction automatique** (bouton - bouton **Options Word** - catégorie **Vérification** - bouton **Options de correction automatique**) est cochée.
▷ Pointez le mot corrigé automatiquement en cours de frappe.
▷ Pointez le petit rectangle bleu visible sous les deux premières lettres du mot afin de faire apparaître le bouton puis cliquez sur celui-ci.

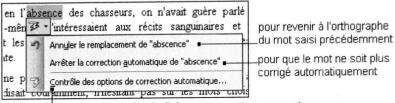

⇨ Si la correction automatique concerne la mise en majuscule de la première lettre d'une phrase, vous visualisez également l'option **Arrêter la mise en majuscule automatique des premières lettres des phrases**.

D-Effectuer des coupures sur les mots

▷ Modifiez éventuellement les options de coupures des mots : onglet **Mise en page** - groupe **Mise en page** - bouton **Coupure de mots** - **Options de coupure de mots**.

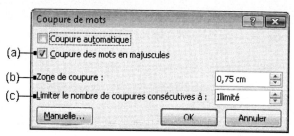

(a) Word omet ou pas les mots qui contiennent des majuscules.
(b) si l'espace disponible sur une ligne est supérieur à la valeur de la **Zone de coupure**, Word essaie de couper le premier mot de la ligne suivante.
(c) permet d'indiquer le nombre maximal de coupures pouvant se positionner les unes en dessous des autres. En français, la valeur généralement autorisée est trois.

▷ Pour activer la coupure de mots automatique, positionnez le point d'insertion au début du document puis : onglet **Mise en page** - groupe **Mise en page** - bouton **Coupure de mots** - option **Automatique**.
Word insère automatiquement des traits d'union lorsqu'ils sont nécessaires.

▷ Pour effectuer les coupures de mots manuellement, positionnez le point d'insertion au début du document si la coupure des mots concerne tout le document, sinon sélectionnez la partie de texte concernée.
Onglet **Mise en page** - groupe **Mise en page** - bouton **Coupure de mots** - option **Manuel**.

⇨ Vous pouvez aussi taper [Ctrl] - pour insérer un trait d'union conditionnel.

⇨ Pour supprimer les coupures automatiques des mots visibles dans le document, cliquez sur le bouton **Coupure de mots** de l'onglet **Mise en page** puis cliquez sur **Aucun**.

⇨ Pour ne pas effectuer la coupure automatique des mots sur une partie du document, sélectionnez cette partie de texte puis cochez l'option **Ne pas couper les mots** de la boîte de dialogue **Paragraphe** (onglet **Accueil** - groupe **Paragraphe** - bouton ▣ - onglet **Enchaînements**) avant de procéder à la coupure automatique des mots du document.

1.7 Les longs documents

A-Créer des notes

Il s'agit de notes de bas de page et/ou de notes de fin de document qui permettent d'expliquer, de commenter ou de fournir des indications sur un texte du document.

▷ Positionnez le point d'insertion où se fera l'appel de note.

▷ Onglet **Références** - groupe **Notes de bas de page** - bouton **Insérer une note de bas de page** ou **Insérer une note de fin**

En mode d'affichage Page, le point d'insertion apparaît dans le bas de la page (note de bas de page) ou sur la dernière page (note de fin), au-dessus du pied de page. En mode d'affichage Brouillon, le point d'insertion apparaît dans le volet des notes.

▷ Saisissez le contenu de la note.

▷ Cliquez dans la zone de travail ou cliquez sur le bouton ⌧ du volet des notes.

▷ Pour visualiser le contenu d'une note, déplacez la souris sur l'appel de note.

⇨ Le bouton 💿 visible dans la barre de défilement vertical permet de vous déplacer de note en note.

B - Gérer les notes existantes

▷ Pour modifier le contenu d'une note, faites un double clic sur l'appel de la note puis apportez vos modifications.

▷ Pour supprimer une note, sélectionnez l'appel de la note à supprimer puis appuyez sur la touche [Suppr].

▷ Pour déplacer une note, déplacez l'appel de note correspondant comme vous déplacez une partie de texte.

⇨ Dans le cas d'une suppression ou d'un déplacement, les notes sont automatiquement renumérotées.

C - Créer un signet

Un signet permet de repérer un endroit dans un texte pour, par exemple, s'y déplacer plus rapidement.

▷ Si atteindre le signet doit également sélectionner le texte, sélectionnez ce texte. Si atteindre un signet doit uniquement déplacer le point d'insertion, positionnez le point d'insertion à l'emplacement adéquat.

▷ Onglet **Insertion** - groupe **Liens** - bouton **Signet** ou [Ctrl][⇧ Shift][F5]

▷ Saisissez le **Nom du signet** (50 caractères maximum ; pas d'espace ; commence par une lettre).

▷ Cliquez sur le bouton **Ajouter**.

⇨ Le bouton **Supprimer** de la boîte de dialogue **Signet** permet de supprimer le signet sélectionné dans la liste des signets existants.

▷ Pour atteindre un signet, onglet **Insertion** - groupe **Liens** - bouton **Signet** ou [Ctrl][⇧ Shift][F5] puis double cliquez sur le signet à atteindre. Vous pouvez aussi cliquer sur l'option **Atteindre** du bouton **Rechercher** (onglet **Accueil**) ou [Ctrl] **B**.

D - Créer un plan en utilisant les styles prédéfinis

▷ Activez le mode d'affichage **Plan** (bouton 🗐 de la barre d'état).

▷ Affichez le volet **Styles** (onglet **Accueil** - groupe **Style** - bouton 🗐).

▷ Pour chaque titre à entrer dans le plan, appliquez au paragraphe, à l'aide de la fenêtre **Styles**, un style prédéfini en fonction de l'importance du titre :
Titre 1 aux titres principaux,
Titre 2 aux sous-titres,
Titre 3 aux sous-sous-titres.

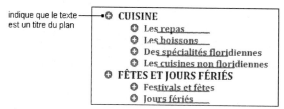

▷ Une fois que le titre est entré dans le plan, vous pouvez hausser son niveau grâce au bouton ou l'abaisser grâce au bouton.

⇨ Par défaut, seulement trois styles prédéfinis sur neuf sont visibles dans la liste **Style**. Pour les visualiser tous, cliquez sur le lien **Options** en bas du volet **Styles** puis sélectionnez l'option **Tous les styles** de la liste **Sélectionnez les styles à afficher**.

⇨ L'application des styles prédéfinis peut se faire aussi dans un autre mode d'affichage que le mode Plan.

⇨ Les styles prédéfinis annulent bien évidemment vos propres mises en valeur.

E - Exploiter le plan d'un document

▷ En mode Plan, utilisez les outils suivants :

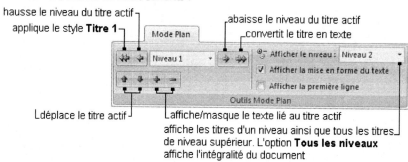

▷ `Alt` `⇧ Shift` **n° niveau** affiche les titres de niveau correspondant ainsi que tous les titres de niveau supérieur.
- ou + (clavier num.) masque ou affiche le texte lié au titre.

⇨ Pour imprimer le plan du document, affichez uniquement les titres puis lancez l'impression.

F- Numéroter les titres

▷ Pour numéroter les titres de plan créés avec les styles prédéfinis, positionnez le point d'insertion sur un titre puis : onglet **Accueil** - groupe **Paragraphe** - bouton ▭ et cliquez sur une numérotation de liste incluant l'expression **Titre**.

▷ Pour numéroter les paragraphes présentés avec des styles, cliquez dans un paragraphe présenté avec un style puis : onglet **Accueil** - groupe **Paragraphe** - bouton ▭ - option **Définir une nouvelle liste à plusieurs niveaux**.

▷ Cliquez si besoin sur le bouton **Plus**.

▷ Pour chaque niveau de style à définir :

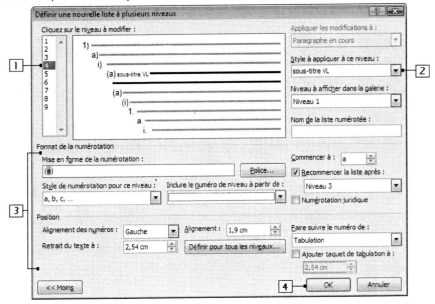

1. Sélectionnez le niveau.
2. Appliquez le style correspondant au niveau sélectionné.
3. Modifiez éventuellement les options de présentation de la numérotation.
4. Validez lorsque tous les niveaux sont définis.

⇨ Pour supprimer la numérotation d'un document, sélectionnez tout le document, cliquez sur ▭ (onglet **Accueil** - groupe **Paragraphe**) puis choisissez **Aucune(s)**.

G- Construire une table des matières issue d'un plan

▷ Marquez les textes à inclure dans la table des matières :
- sélectionnez le texte puis appliquez-lui un style prédéfini ou un style personnalisé auquel vous avez attribué un niveau hiérarchique, ou

- sélectionnez le texte, cliquez sur le bouton **Ajouter le texte** (onglet **Références** - groupe **Table des matières**) puis cliquez sur le niveau à attribuer au texte.
▷ Positionnez le point d'insertion à l'endroit où la table des matières doit être insérée.
▷ Pour créer une table des matières prédéfinie : onglet **Références** - groupe **Table des matières** - bouton **Table des matières**, puis cliquez sur la table des matières prédéfinie de votre choix.
▷ Pour créer une table des matières personnalisée : onglet **Références** - groupe **Table des matières** - bouton **Table des matières** - option **Insérer une Table des matières**.

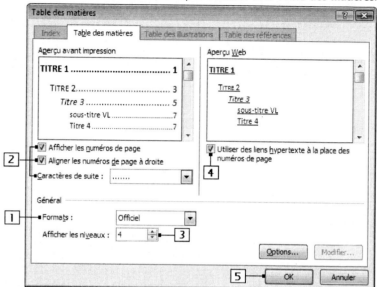

1 Choisissez la présentation de votre choix.

2 Spécifiez quels seront les éléments à insérer et la façon de le faire.

3 Spécifiez le nombre de niveaux de titre à afficher dans la table des matières.

4 Cochez cette option si votre table des matières doit, par la suite, être affichée dans un navigateur Web et si vous souhaitez qu'un lien hypertexte soit créé pour chaque titre ; cette option crée également des liens hypertextes dans le document, sans supprimer les numéros de page.

5 Insérez la table des matières.

▷ Utilisez, si besoin est, [Alt] [F9] pour masquer le code correspondant à la table des matières et visualiser son contenu.

▷ Si des liens hypertextes ont été créés, pour atteindre un titre du document, maintenez la touche [Ctrl] enfoncée puis cliquez sur celui-ci dans la table des matières.

⇨ Pour modifier la présentation de la table des matières, sélectionnez un autre format la boîte de dialogue **Tables des matières**.

⇨ Pour mettre à jour une table des matières, cliquez dans la table, tapez [F9] puis choisissez de **Mettre à jour les numéros de la page uniquement** ou de **Mettre à jour toute la table**.

H-Créer un index

Définir les entrées d'index

▷ Sélectionnez le texte (mot ou groupe de mots) à indexer.
▷ Onglet **Références** - groupe **Index** - bouton **Entrée** ou [Alt][⇧ Shift] **X**.

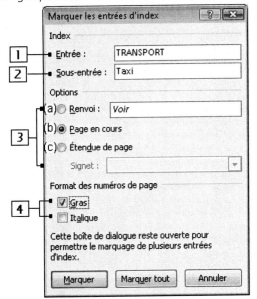

[1] Au besoin, saisissez l'entrée principale.

[2] Accédez au besoin à cette zone puis saisissez l'entrée secondaire. Si d'autres niveaux d'entrée doivent être créés, tapez le signe de ponctuation deux-points (:) avant de saisir le texte dans cette zone.

[3] Activez l'option :
  (a) pour ajouter à l'entrée d'index le texte du renvoi au lieu du numéro de page.
  (b) pour afficher le numéro de page correspondant à l'entrée d'index sélectionnée.
  (c) pour sélectionner dans la liste **Signet**, le signet qui délimite le groupe de pages à citer dans l'entrée d'index.

[4] Pour appliquer le format **Gras** et/ou **Italique** aux numéros de page, cochez ces options.

▷ Au besoin, mettez en valeur les caractères saisis en utilisant les raccourcis-clavier puis validez par **Marquer** puis **Fermer**.

⇨ Vous visualisez le champ {EX...} sous forme de texte caché.

Insérer la table des index

▷ Positionnez le point d'insertion à l'endroit où la table doit être insérée.

▷ Onglet **Références** - groupe **Index** - bouton

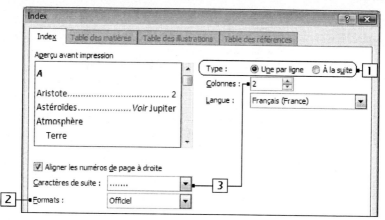

1. Choisissez l'aspect des entrées secondaires.
2. Sélectionnez le format de votre choix.
3. Définissez les options de présentation.

▷ Cliquez sur **OK** pour insérer la table des index.

⇨ Pour modifier la présentation de la table des index, sélectionnez un autre format dans la boîte de dialogue **Index** : après confirmation, la nouvelle présentation remplace l'ancienne.

⇨ Pour mettre à jour la table des index, cliquez dans la table puis faites [F9].

1.8 Les tableaux

A- Insérer un tableau

▷ Positionnez le point d'insertion où doit être placé le tableau.
▷ Onglet **Insertion** - groupe **Tableaux** - bouton **Tableau** - option **Insérer un tableau**

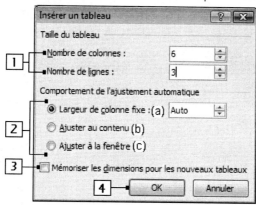

[1] Précisez le nombre de colonnes et de lignes.

[2] Choisissez le comportement de l'ajustement automatique.

   (a) La largeur des colonnes ne se modifie pas automatiquement lors de la frappe mais applique la largeur spécifiée dans la zone de saisie (**Auto** : Word détermine la largeur de chaque colonne).

   (b) Le tableau s'insère avec des largeurs de colonne minimales. Lors de la frappe, la largeur des colonnes s'ajuste automatiquement au contenu.

   (c) Le tableau s'insère entre les marges et lorsque celles-ci changent, le tableau est alors automatiquement ajusté en conséquence.

[3] Si besoin est, activez cette option si vous souhaitez conserver les paramètres choisis pour la création de tout nouveau tableau.

[4] Insérez le tableau.

▷ Complétez le tableau. Pour cela, cliquez dans la cellule concernée et saisissez son contenu puis accédez à la cellule suivante par [⇥] ou [Entrée].

⇨ Un tableau ne peut pas comporter plus de 63 colonnes.

⇨ Pour créer un tableau, vous pouvez aussi cliquer sur le bouton **Tableau** (onglet **Insertion** - groupe **Tableaux**) et faire glisser le pointeur sur les cellules qui s'affichent pour définir le nombre de lignes et de colonnes que vous souhaitez.

⇨ Vous pouvez poser des taquets de tabulation ; utilisez [Ctrl][⇥] pour accéder au taquet non décimal.

⇨ Pour convertir un texte en tableau, placez dans le texte un caractère qui servira d'indicateur de colonne, sélectionnez le texte, puis : onglet **Insertion** - groupe **Tableaux** - bouton **Tableau** - option **Convertir le texte en tableau**.

⇨ L'option **Dessiner un tableau** du bouton **Tableau** (onglet **Insertion** - groupe **Tableaux**) active le crayon qui permet de dessiner un tableau : tracez d'abord le contour du tableau puis les lignes et les colonnes à l'intérieur du tableau.

B- Insérer un tableau prédéfini

▷ Positionnez le point d'insertion à l'endroit où vous souhaitez insérer le tableau.

▷ Onglet **Insertion** - groupe **Tableaux** - bouton **Tableau** - option **Tableaux rapides**

▷ Cliquez, dans la galerie de tableaux, sur le modèle à insérer.

▷ Remplacez les données du modèle de tableau puis modifiez éventuellement sa mise en forme.

⇨ Pour ajouter un tableau personnalisé dans la galerie : onglet **Insertion** - groupe **Tableaux** - bouton **Tableau** - option **Tableaux rapides** - **Enregistrer la sélection dans la galerie de tableaux rapides**.

C- Sélectionner dans un tableau

▷ Selon la sélection souhaitée, utilisez les solutions ci-après :

   Cellule   pointez le bord intérieur gauche de la cellule et cliquez.

   Colonne   pointez le trait supérieur de la colonne et cliquez.

Ligne   pointez en dehors de la première cellule de la ligne et cliquez.

Tableau   pointez le coin supérieur gauche du tableau puis cliquez sur ⊕.

▷ Cliquez sur le bouton **Sélectionner** (onglet **Disposition** - groupe **Tableau**) puis sur l'option correspondant à la sélection voulue.

⇨ ▭ ou [⇧Shift] ▭ sélectionne la cellule suivante/précédente.

⇨ Cliquez sur une cellule pour annuler toute sélection.

D-Insérer une colonne/une ligne

▷ Sélectionnez la colonne ou la ligne avant ou après laquelle vous souhaitez insérer la nouvelle colonne ou ligne. Pour insérer plusieurs colonnes ou lignes, sélectionnez autant de colonnes ou de lignes que vous voulez en insérer.

▷ Onglet **Disposition** - groupe **Lignes et colonnes** - bouton **Insérer à gauche** ou **Insérer à droite**
ou Onglet **Disposition** - groupe **Lignes et colonnes** - bouton **Insérer au-dessus** ou **Insérer en dessous**.

⇨ Chaque cellule de la ou des colonnes ajoutées adopte la mise en forme de la cellule située à droite. Chaque cellule de la ligne ajoutée adopte les caractéristiques de présentation des cellules de la ligne active au moment de l'insertion.

⇨ Pour ajouter une ligne à la fin du tableau, accédez à la dernière cellule puis faites ▭.

E- Supprimer des lignes/colonnes

Des lignes ou des colonnes

▷ Sélectionnez les lignes ou les colonnes à supprimer.

▷ Onglet **Disposition** - groupe **Lignes et colonnes** - bouton **Supprimer** - option **Supprimer les colonnes** ou **Supprimer les lignes**

F- Fusionner des cellules

▷ Sélectionnez les cellules à fusionner.

▷ Onglet **Disposition** - groupe **Fusionner** - bouton **Fusionner les cellules**

⇨ Vous pouvez aussi "gommer" le trait séparant les cellules à fusionner (onglet **Création** - groupe **Traçage des bordures** - bouton **Gomme**).

G-Fractionner des cellules

▷ Sélectionnez la ou les cellules concernées.

▷ Onglet **Disposition** - groupe **Fusionner** - bouton **Fractionner les cellules**.

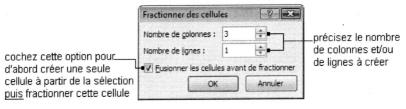

cochez cette option pour d'abord créer une seule cellule à partir de la sélection puis fractionner cette cellule

précisez le nombre de colonnes et/ou de lignes à créer

⇨ Vous pouvez aussi dessiner de nouvelles partitions de cellules (onglet **Création** - groupe **Traçage des bordures** - bouton **Dessiner un tableau**.

H-Trier un tableau

▷ Sélectionnez tous les éléments du tableau à trier. Si tout le tableau doit être trié, cliquez à l'intérieur.

▷ Onglet **Disposition** - bouton **Données** - option **Trier**

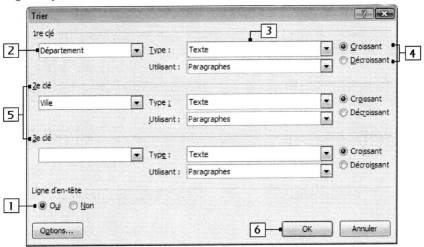

[1] Activez cette option si la première ligne de la sélection contient des titres de colonne et ne doit pas être triée.

[2] Sélectionnez le numéro de la colonne ou l'en-tête de la colonne en fonction de laquelle il faut trier.

[3] Indiquez ensuite le type des informations contenues dans la colonne.

[4] Indiquez l'ordre de tri.

[5] Si besoin, définissez de la même façon un second puis un troisième critère de tri.

[6] Lancez le tri.

I- Modifier la largeur des colonnes/hauteur des lignes

▷ Pour une ligne, en affichage Page, pointez le trait horizontal situé sous la ligne à modifier et réalisez un cliqué-glissé.

▷ Pour une colonne, pointez le trait vertical situé à droite de la colonne à modifier et réalisez un cliqué-glissé :

    seul   pour modifier la largeur de la colonne et celle de la colonne de droite (la largeur totale du tableau est conservée).

    avec [⇧ Shift]   pour modifier la largeur de la colonne ; celles de droite ne changent pas ; la largeur totale du tableau est donc modifiée.

    avec [Ctrl][⇧ Shift]   pour modifier la largeur de la colonne ; toutes les colonnes de droite sont modifiées proportionnellement afin de conserver la largeur totale du tableau.

⇨ Un double clic sur le trait vertical situé à droite d'une colonne ajuste la largeur à son contenu.

⇨ Utilisez la touche [Alt] lors du cliqué-glissé pour visualiser les dimensions des colonnes/des lignes dans la règle.

⇨ Pour modifier la largeur de plusieurs colonnes ou la hauteur de plusieurs lignes, vous pouvez aussi, après avoir sélectionné les colonnes/lignes concernées, saisir la nouvelle largeur/hauteur dans la zone associée au bouton [⬚] ou [⬚] (onglet **Disposition** - groupe **Taille de la cellule**).

⇨ Pour uniformiser la hauteur/largeur de plusieurs lignes/colonnes, sélectionnez-les puis cliquez sur [⬚] ou sur [⬚] (onglet **Disposition** - groupe **Taille de la cellule**).

⇨ Pour ajuster la largeur de toutes les colonnes d'un tableau, cliquez dans le tableau puis sur le bouton **Ajustement automatique** (onglet **Disposition** - groupe **Taille de la cellule**) et sélectionnez l'option correspondant à l'ajustement souhaité.

J- Modifier l'alignement du texte dans les cellules

▷ Sélectionnez les cellules concernées.

▷ Dans l'onglet **Disposition**, groupe **Alignement**, cliquez sur l'alignement voulu :

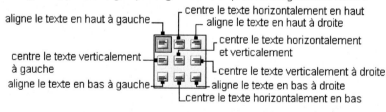

aligne le texte en haut à gauche
centre le texte horizontalement en haut
aligne le texte en haut à droite
centre le texte verticalement à gauche
centre le texte horizontalement et verticalement
centre le texte verticalement à droite
aligne le texte en bas à gauche
aligne le texte en bas à droite
centre le texte horizontalement en bas

⇨ Pour changer l'orientation d'un texte dans une cellule, cliquez sur le bouton **Orientation du texte** (onglet **Disposition** - groupe **Alignement**) jusqu'à obtenir l'orientation souhaitée.

K- Mettre en forme un tableau en appliquant un style

▷ Cliquez dans le tableau à formater et activez l'onglet **Création**.

[1] Cochez les options correspondant aux éléments du tableau auxquels le style doit s'appliquer.

[2] Cliquez sur ce bouton pour développer la galerie des styles de tableau.

▷ Pointez les styles proposés afin de visualiser l'effet correspondant sur le tableau actif puis cliquez sur le style voulu pour l'appliquer au tableau.

▷ Modifiez éventuellement la présentation en cochant ou décochant les **Options de style de tableau** de votre choix.

L- Modifier les bordures d'un tableau

▷ Sélectionnez les cellules concernées ou le tableau entier puis activez l'onglet **Création**.

▷ Choisissez le style de trait, l'épaisseur, la couleur de la bordure à l'aide des outils
, , et du groupe **Traçage des bordures**.

▷ Ouvrez la liste **Bordures** du groupe **Styles de tableau** puis cliquez sur le type de bordure à appliquer.

⇨ Vous pouvez aussi utiliser la boîte de dialogue **Bordure et trame** (onglet **Création** - groupe **Styles de tableau** - bouton **Bordures** - option **Bordure et trame**).

⇨ La liste associée au bouton **Trame de fond** du groupe **Styles de tableau** permet d'appliquer une couleur de fond aux cellules sélectionnées.

M -Modifier la taille d'un tableau

▷ En mode Page, pointez le coin inférieur droit du tableau de façon à faire apparaître la poignée de dimensionnement ☐ puis positionnez le pointeur sur cette poignée.

Le pointeur prend l'aspect d'une double flèche.

▷ Réalisez un cliqué-glissé afin d'augmenter ou de réduire la taille du tableau.

⇨ Vous pouvez aussi modifier la largeur d'un tableau en cochant l'option **Largeur préférée** de la boîte de dialogue **Propriétés du tableau** (onglet **Disposition** - groupe **Tableau** - bouton **Propriétés** - onglet **Tableau**) et en spécifiant la largeur souhaitée.

N -Répéter les libellés de colonnes sur plusieurs pages

Cette technique permet d'imprimer les libellés des colonnes sur toutes les pages si le tableau occupe plusieurs pages.

▷ Sélectionnez la ou les lignes qui contiennent les libellés à répéter ; la sélection doit impérativement contenir la première ligne du tableau et doit être continue.

▷ Onglet **Disposition** - bouton **Données** - option **Répéter les lignes d'en-tête**

⇨ Vous pouvez aussi cocher l'option **Répéter en haut de chaque page en tant que ligne d'en-tête** de la boîte de dialogue **Propriétés du tableau** - onglet **Ligne**.

O - Déplacer un tableau avec la poignée de déplacement

Les tableaux sont considérés comme de véritables objets et peuvent donc être déplacés n'importe où dans la page.

▷ En mode d'affichage Page, pointez le coin supérieur gauche du tableau de façon à faire apparaître la poignée de déplacement ⊕ puis positionnez le pointeur sur cette poignée. Le pointeur prend cet aspect : ⊕.

▷ Réalisez un cliqué-glissé pour déplacer le tableau vers sa nouvelle position.

P - Positionner un tableau dans la largeur d'une page

▷ Positionnez le point d'insertion dans le tableau.
▷ Onglet **Disposition** - groupe **Tableau** - bouton **Propriétés** - onglet **Tableau**
▷ Dans la zone **Alignement**, choisissez la position du tableau puis spécifiez éventuellement dans le cas d'un alignement **Gauche**, la valeur du **Retrait à gauche**.
▷ Cliquez sur **OK**.

1.9 La mise en page/l'impression

A - Modifier l'orientation des pages

Modifier l'orientation de tout le document ou d'une section

▷ Si votre document contient plusieurs sections, positionnez le point d'insertion dans celle contenant les pages dont l'orientation doit être modifiée.
▷ Onglet **Mise en page** - groupe **Mise en page** - bouton **Orientation**
▷ Cliquez sur l'orientation attendue : **Portrait** ou **Paysage**.

B - Modifier les marges d'un document

Appliquer des marges prédéfinies

▷ Si votre document est divisé en plusieurs sections, positionnez le point d'insertion dans la section concernée.
▷ Onglet **Mise en page** - groupe **Mise en page** - bouton **Marges**
▷ Cliquez sur le type de marge souhaité.
⇨ L'option **Dernier paramètre de personnalisation** permet d'appliquer les valeurs de marges préalablement définies dans la boîte de dialogue **Mise en page**.

Définir des marges personnalisées

▷ Sélectionnez la partie de texte concernée ou placez le point d'insertion dans la section concernée.
▷ Onglet **Mise en page** - groupe **Mise en page** - bouton
▷ Ouvrez, si besoin est, la liste **Afficher plusieurs pages** puis sélectionnez une des options suivantes :

Page en vis-à-vis pour avoir des marges différentes à droite et à gauche selon la parité de la page.
2 pages par feuille pour imprimer deux pages sur chaque feuille si le format de page est inférieur au format de papier utilisé pour imprimer.

▷ Modifiez les **Marges** de votre choix.
▷ Précisez la partie du document concernée à l'aide de la liste **Appliquer à** puis cliquez sur **OK**.

⇨ En mode d'affichage Page ou Aperçu avant impression, vous pouvez modifier les marges de la section courante en déplaçant les marqueurs correspondants sur les règles horizontale et verticale affichées.

C - Utiliser l'aperçu avant impression

▷ Bouton - **Imprimer** - **Aperçu avant impression** ou Ctrl F2

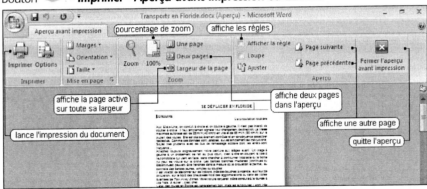

▷ Pour zoomer l'aperçu, veillez à ce que l'option **Loupe** soit cochée, pointez la partie de texte à zoomer puis cliquez. Cliquez de nouveau pour revenir en taille réduite.
▷ Pour travailler dans l'aperçu, zoomez la zone concernée puis décochez l'option **Loupe**.
▷ Pour réduire légèrement la taille et l'espacement du texte afin de gagner une page, cliquez sur le bouton **Ajuster**.

⇨ Pour visualiser les autres pages du document, vous pouvez aussi utiliser les touches Pg Up et Pg Dn.

D - Imprimer un document

▷ Pour lancer l'impression selon les paramètres de mise en page actifs et selon les options définies par défaut dans la boîte de dialogue **Imprimer** :

Bouton - **Imprimer** - **Impression rapide**

E - Définir les options d'impression

▷ Bouton - **Imprimer** ou Ctrl P

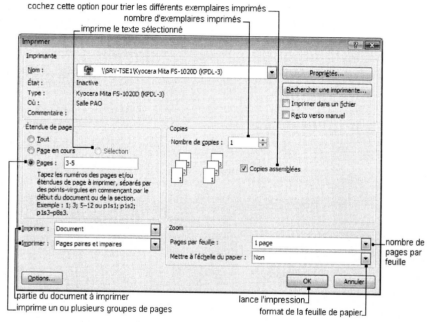

F - Créer un en-tête et/ou un pied de page

Les en-têtes et les pieds de page s'appliquent à toutes les pages du document. Dans le cas d'un en-tête/pied de page prédéfini, certaines informations sont déjà saisies (numéro de page, auteur, nom de la société...), d'autres seront à saisir (titre, sous-titre, date...).

▷ Onglet **Insertion** - groupe **En-tête et pied de page** - bouton **En-tête** ou **Pied de page**

▷ Si un des en-têtes ou des pieds de page prédéfinis vous convient, cliquez dessus. À l'inverse, cliquez sur l'option **Modifier l'en-tête** pour créer un en-tête ou un pied de page personnalisé.

▷ Complétez ou entrez le contenu de votre en-tête/pied de page, puis si besoin, modifiez la présentation des éléments/du texte.

▷ Cliquez sur le bouton **Fermer l'en-tête et le pied de page** visible dans le groupe **Fermer** de l'onglet **Création**.

⇨ Les en-têtes et pieds de page sont visibles en mode Page ou lors de l'aperçu.

⇨ Vous pouvez modifier la position de l'en-tête/pied de page (par défaut à 1,25 cm du haut et du bas de la feuille) dans le groupe **Position** de l'onglet **Création**.

G-Numéroter les pages d'un document

▷ Onglet **Insertion** - groupe **En-tête et pied de page** - bouton **Numéro de page**
▷ Pointez l'option **Haut de page**, **Bas de page** ou **Marges de la page** en fonction de la position souhaitée pour la numérotation puis cliquez sur un style de numérotation.

Le point d'insertion clignote dans la zone d'**En-tête** ou de **Pied de page**.

▷ Cliquez sur le bouton **Fermer l'en-tête et le pied de page**.

⇨ Pour insérer le numéro d'une page directement dans le corps de celle-ci, positionnez le point d'insertion à l'endroit où vous souhaitez insérer le numéro puis, dans l'onglet **Insertion**, cliquez sur le bouton **Numéro de page** du groupe **En-tête et pied de page**. Pointez ensuite l'option **Position actuelle** puis cliquez sur un des styles de numérotation proposés dans la liste.

⇨ Pour modifier le format des numéros de page, utilisez les options de la boîte de dialogue **Format des numéros de page** (onglet **Insertion** - groupe **En-tête et pied de page** - bouton **Numéro de page** - option **Format Numéro Page**).

.10 Le mailing

A-Créer un mailing

▷ Ouvrez le document devant servir de document de base : vous pouvez utiliser un modèle prédéfini ou personnalisé, un document existant ou créer un nouveau document.
▷ Cliquez sur l'onglet **Publipostage**.
▷ Pour définir le document de base, cliquez sur le bouton **Démarrer la fusion et le publipostage** du groupe du même nom puis selon le type de document de base à créer, cliquez sur **Lettres** ou sur **Messages électroniques**.

L'option **Messages électroniques** permettra d'envoyer un message électronique personnalisé à des destinataires de votre liste d'adresses de messagerie (le logiciel de messagerie Outlook 2007 doit être installé sur votre ordinateur).

▷ Associez une liste de données au document de base : cliquez sur le bouton **Sélection des destinataires** puis sur une des options proposées :

Entrer une nouvelle liste	Permet de saisir le contenu d'une nouvelle liste de destinataires (cf. titre suivant).
Utiliser la liste existante	Permet de sélectionner un fichier ou une base de données contenant la liste des destinataires.
Sélection à partir des Contacts Outlook	Permet de sélectionner le nom du dossier de contacts contenant la liste des destinataires.

▷ Saisissez ou modifiez, si besoin est, le contenu du document de base (texte fixe).

▷ Pour chaque champ à insérer, positionnez le point d'insertion à l'endroit où doit être imprimé le champ (par exemple, le nom du destinataire), cliquez sur le bouton **Insérer un champ de fusion** du groupe **Champs d'écriture et d'insertion** puis cliquez sur le nom du champ à insérer.

*Les boutons **Bloc d'adresse** et **Ligne de salutation** permettent d'insérer l'adresse des destinataires et la ligne de salutation sous différentes formes.*

▷ Vérifiez éventuellement le mailing en cliquant sur le bouton **Aperçu des résultats**.

▷ Pour exécuter le mailing, cliquez sur le bouton **Terminer & fusionner** puis sur l'option **Imprimer les documents** pour lancer l'impression du mailing ou sur **Modifier les documents individuels** pour effectuer la fusion dans un nouveau document. L'option **Envoyer des messages électroniques** permet l'envoi du document aux destinataires par messagerie électronique.

▷ Spécifiez quels enregistrements doivent être fusionnés.

▷ Si le mailing est de type **Messages électroniques**, spécifiez les **Options des messages**.

▷ Si le mailing a été exécuté dans un nouveau document, si besoin est, modifiez, imprimez et/ou enregistrez ce document puis fermez-le.

▷ Enregistrez le document de base puis fermez-le.

⇨ Le bouton **Modifier la liste de destinataires** visible dans le groupe **Démarrer la fusion et le publipostage** ouvre la boîte de dialogue **Fusion et publipostage : Destinataires** et permet de modifier le contenu ou la présentation de la liste de données (cf. C - Gérer les enregistrements d'une liste de données).

⇨ Vous pouvez également créer un mailing à l'aide de l'Assistant Fusion et Publipostage. Pour cela, choisissez l'option **Assistant Fusion et publipostage pas à pas** visible dans la liste associée au bouton **Démarrer la fusion et le publipostage** (onglet **Publipostage**) puis suivez les différentes étapes.

B - Créer une liste de données

▷ Si le document de base est créé, ouvrez-le, sinon définissez un nouveau document de base dans lequel vous saisirez le texte fixe du mailing.

▷ Onglet **Publipostage** - groupe **Démarrer la fusion et le publipostage** - bouton **Sélection des destinataires** - option **Entrer une nouvelle liste**

La boîte de dialogue **Créer une liste d'adresses** apparaît à l'écran : chaque colonne représente un champ prédéfini.

▷ Cliquez sur le bouton **Personnaliser colonnes** pour définir les champs de la liste de données :

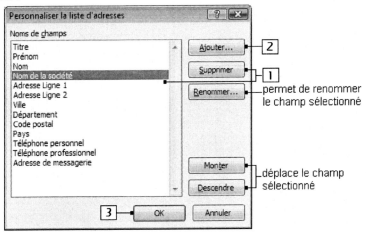

[1] Retirez chaque champ dont vous n'avez pas utilité dans la liste.
[2] Si besoin est, créez des champs personnalisés.
[3] Validez la nouvelle liste.

▷ Dans le formulaire de saisie, cliquez dans la zone de saisie du premier champ.
▷ Pour chaque enregistrement, tapez les données en utilisant ⇄ ou ⇧Shift ⇄ pour atteindre la zone suivante ou précédente ; cliquez sur **Nouvelle entrée** pour créer un nouvel enregistrement.
▷ Mettez fin à la saisie des enregistrements par le bouton **OK**.
▷ Saisissez un **Nom de fichier** pour la liste des données et, si besoin est, choisissez le dossier d'enregistrement puis cliquez sur **Enregistrer**.
La liste est enregistrée sous forme d'une liste d'adresses Microsoft Office (.mdb).

C - Gérer les enregistrements d'une liste de données

Les enregistrements d'une liste de données peuvent être gérés par l'intermédiaire du formulaire de saisie. Cependant, si vous utilisez une liste de données contenues dans un classeur Excel (.xlsx) ou dans une base de données Access (.accdb), vous ne pourrez pas réaliser certaines manipulations telles que l'ajout d'un champ ou la suppression d'un enregistrement. Dans ce cas, pour effectuer ces manipulations, vous devrez ouvrir le fichier de données dans son application.

▷ Ouvrez le document de base.
▷ Onglet **Publipostage** - groupe **Démarrer la fusion et le publipostage** - bouton **Modifier la liste des destinataires**
▷ Sélectionnez le nom du fichier de données dans la zone **Source de données** puis cliquez sur le bouton **Modifier**.

Microsoft Office 2007

L'affichage des enregistrements dépend du type de fichier source. Si le fichier source est une liste d'adresses Microsoft Office, une table (ou requête) de base de données ou un classeur Excel, les enregistrements sont affichés sous forme de tableau. Si le fichier source est un document Word ou un fichier texte, vous visualisez le premier enregistrement dans un formulaire de saisie.

▷ Vous pouvez alors ajouter, supprimer ou rechercher des enregistrements.

Si vous visualisez un formulaire de saisie, utilisez les boutons visibles dans la partie inférieure du formulaire pour faire défiler les enregistrements.

D - Limiter l'exécution d'un mailing à certains enregistrements

Filtrer sur une des valeurs d'un ou plusieurs champs

▷ Ouvrez le document de base.
▷ Onglet **Publipostage** - groupe **Démarrer la fusion et le publipostage** - bouton **Modifier la liste de destinataires**
▷ Pour chaque champ à filtrer :

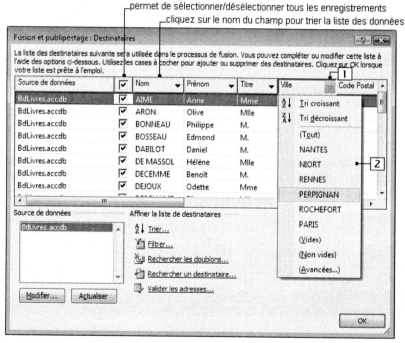

1. Ouvrez la liste associée au champ concerné.
2. Cliquez sur la valeur cherchée ; l'option **(Vides)** permet d'afficher les enregistrements ne contenant pas de valeur pour ce champ et, à l'inverse, l'option **(Non vides)** permet d'afficher les enregistrements contenant une valeur pour ce champ.

Seuls les enregistrements répondant au filtre sont affichés. La pointe de flèche des champs auxquels a été appliqué un filtre apparaît en bleu.

▷ Pour afficher de nouveau toutes les valeurs d'un champ, ouvrez la liste du champ correspondant puis cliquez sur **(Tout)**.

⇨ *La case à cocher visible à gauche de chaque enregistrement permet de sélectionner ou de désélectionner des enregistrements pour la fusion.*

Filtrer sur plusieurs valeurs d'un ou de plusieurs champs

▷ Ouvrez le document de base.
▷ Onglet **Publipostage** - groupe **Démarrer la fusion et le publipostage** - bouton **Modifier la liste de destinataires**
▷ Ouvrez la liste associée à un des champs, Cliquez sur l'option **(Avancées...)** puis, si besoin est, sur l'onglet **Filtrer les enregistrements**.

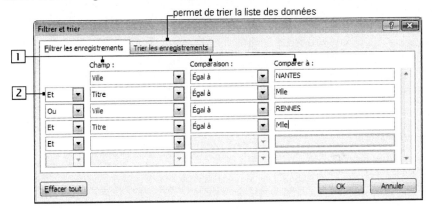

1 Définissez les éléments du critère.
2 S'il y a un autre critère, choississez l'opérateur de liaison puis définissez le critère suivant.

▷ Cliquez à deux reprises sur le bouton **OK**.

Les critères posés sont enregistrés au sein du document de base.

E- Réaliser des étiquettes de publipostage

▷ Créez un nouveau document (Ctrl **N**).
▷ Onglet **Publipostage** - groupe **Démarrer la fusion et le publipostage** - bouton **Démarrer la fusion et le publipostage** - option **Étiquettes**
▷ Définissez le format des étiquettes dans la boîte de dialogue **Options pour les étiquettes**.
▷ Procédez ensuite comme pour un mailing.

⇨ *L'impression des étiquettes s'effectue comme tout mailing : il ne s'agit en fait que d'un document de base spécial.*

2.1 L'environnement

A - Lancer/quitter Microsoft Office Excel 2007

▷ Sous Windows XP, cliquez sur le bouton **démarrer** visible dans la barre des tâches, pointez l'option **Tous les programmes** puis l'option **Microsoft Office** et cliquez sur **Microsoft Office Excel 2007**.

Sous Windows Vista, cliquez sur le bouton **Démarrer**, pointez l'option **Tous les programmes**, cliquez sur l'option **Microsoft Office** puis sur **Microsoft Office Excel 2007**.

▷ Pour quitter l'application, cliquez sur le bouton **Microsoft Office** puis sur le bouton **Quitter Excel** visible dans la partie inférieure droite du menu ou [Alt][F4]. Si un seul classeur est ouvert, vous pouvez également cliquer sur le bouton [X].

▷ Au besoin, acceptez d'enregistrer les classeurs modifiés (l'option **Oui pour tout** permet d'enregistrer tous les classeurs ouverts).

⇨ Il est possible qu'un raccourci ait été créé sur le bureau de Windows : un double clic sur l'icône **Microsoft Office Excel 2007** lance alors l'application.

B - L'écran de travail

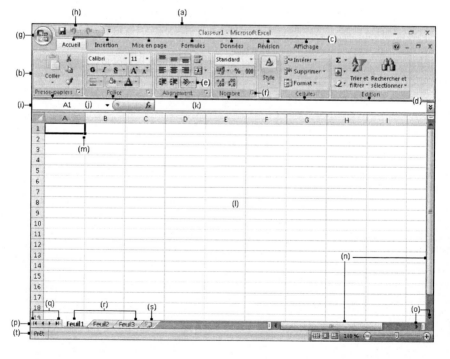

44   Word, Excel et PowerPoint 2007

(a) La **barre de titre** avec les boutons **Réduire** [-], **Niveau Agrandir** [□] permettant de gérer la fenêtre, et le bouton **Ferm**... sous apparaissent les boutons **Réduire la fenêtre**, **Restaurer la** **mer la fenêtre**.

(b) Le **Ruban** comporte la majorité des commandes de l'application, re... tâches, chacune de ces tâches étant représentée par un **onglet** ...que onglet présente plusieurs **groupes de commandes** (d) dans lesquels vous visualisez des **boutons de commande** (e) permettant de réaliser la plupart des manipulations. Certains groupes présentent un **lanceur de boîte de dialogue** (f) qui affiche une boîte de dialogue ou un volet Office donnant accès à des options supplémentaires.

La sélection de certains objets fait apparaître des onglets supplémentaires, appelés onglets contextuels, qui s'affichent à droite des onglets.

(g) Le **bouton Microsoft Office** ouvre un menu donnant accès aux fonctionnalités de base de l'application mais aussi à d'autres fonctionnalités comme celle permettant de paramétrer l'application Excel.

(h) La **barre d'outils Accès rapide** contient les outils les plus fréquemment utilisés.

(i) La **barre de formule** contient la **zone de nom** (j) qui sert à afficher le contenu d'une cellule, et la **zone de formule** (k) pour saisir et modifier les données.

(l) La **feuille de calcul** est composée de cellules ; dans le coin inférieur droit de la cellule active apparaît la poignée de recopie (m).

(n)/(o) Les **barres** et **curseurs de défilement** servent à se déplacer dans la feuille de calcul active.

(p) La barre des **onglets de feuille de calcul** contient les boutons de défilement des feuilles (q), les différents onglets (r) et le bouton **Insérer une feuille de calcul** (s).

(t) La **barre d'état** affiche des informations sur l'environnement de travail, le mode de vue, le bouton et le curseur de zoom. Pour la personnaliser, cliquez dessus avec le bouton droit de la souris puis cliquez sur les options souhaitées pour les activer.

C- Changer le mode d'affichage

▷ Le mode **Normal** est le mode d'affichage activé et utilisé par défaut.

En mode **Mise en page**, Excel affiche la disposition générale de la feuille de calcul telle qu'elle sera imprimée.

Le mode **Aperçu des sauts de page** permet de visualiser les sauts de page existants et de les déplacer.

Les sauts de page sont matérialisés par des traits bleus, continus pour les sauts de page manuels et en pointillés pour les sauts de page automatiques.

Quel que soit le mode d'affichage actif, le mode **Plein écran** permet de visualiser seulement la feuille de calcul, sans la barre d'outils **Accès rapide**, le ruban et la barre d'état.

...ver l'un de ces modes, cliquez sur le bouton correspondant dans le groupe **Affichages classeur** de l'onglet **Affichage** ou sur l'outil visible dans la partie droite de la barre d'état :

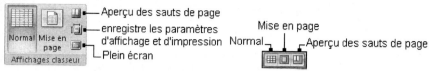

Lorsque vous activez le mode **Aperçu des sauts de page**, un message vous indique que vous pouvez déplacer les sauts de page en les faisant glisser.

▷ Pour déplacer un saut de page, pointez le trait bleu puis faites-le glisser à sa nouvelle position.

⇨ En mode Plein écran, la touche [Echap] permet de retrouver le mode d'affichage précédent.

D - Figer/libérer des lignes et/ou des colonnes

▷ Activez l'onglet **Affichage**.

▷ Pour verrouiller une ligne ou une colonne, faites défiler si besoin la fenêtre de manière à afficher la ligne (colonne) concernée ; cliquez sur le bouton **Figer les volets** du groupe **Fenêtre** et activez, suivant le cas, l'option **Figer la ligne supérieure** ou l'option **Figer la première colonne**.

▷ Pour verrouiller les premières lignes et colonnes de la fenêtre, cliquez dans la cellule située à droite des colonnes et en dessous des lignes à verrouiller ; cliquez ensuite sur le bouton **Figer les volets** du groupe **Fenêtre** et activez l'option **Figer les volets**.

▷ Pour libérer les lignes et/ou les colonnes verrouillées, cliquez sur le bouton **Figer les volets** du groupe **Fenêtre** et activez l'option **Libérer les volets**.

2.2 Les classeurs et les feuilles de calcul

A - Créer un nouveau classeur

Créer un nouveau classeur vierge

▷ Bouton - **Nouveau**

La boîte de dialogue **Nouveau classeur** apparaît à l'écran.

▷ Double cliquez sur le bouton **Nouveau classeur Excel** du volet **Vierge et récent**.

⇨ Le raccourci-clavier [Ctrl] **N** crée un nouveau classeur vierge sans l'intermédiaire de la boîte de dialogue **Nouveau classeur**.

Créer un nouveau classeur basé sur un classeur existant

▷ Bouton - **Nouveau**

▷ Double cliquez sur le bouton **Créer à partir d'un document existant** du volet **Modèles**.
▷ Accédez au dossier où se trouve le classeur puis faites un double clic sur son nom.

La fenêtre qui apparaît contient les données du classeur choisi mais n'existe pas en tant que classeur : la barre de titre affiche le même nom que le classeur de base, suivi d'un numéro.

B - Sélectionner plusieurs feuilles de calcul

Cette manipulation permet de regrouper plusieurs feuilles afin d'effectuer des manipulations communes à toutes les feuilles (copie, suppression, saisie, mise en forme). Les feuilles ainsi sélectionnées forment un "Groupe de travail".

▷ Pour sélectionner plusieurs feuilles adjacentes, cliquez sur l'onglet correspondant à la première feuille, maintenez la touche [⇧ Shift] enfoncée puis cliquez sur l'onglet correspondant à la dernière feuille ; pour sélectionner plusieurs feuilles non adjacentes, cliquez sur l'onglet correspondant à la première feuille, maintenez la touche [Ctrl] enfoncée puis cliquez sur les onglets des autres feuilles.

Pour sélectionner toutes les feuilles, cliquez avec le bouton DROIT de la souris sur un des onglets et cliquez sur **Sélectionner toutes les feuilles**.

▷ Pour sélectionner à nouveau une seule feuille et désactiver ainsi le groupe de travail, cliquez sur l'onglet d'une feuille ne faisant pas partie de la sélection ou effectuez un clic avec le bouton DROIT de la souris sur l'onglet d'une des feuilles sélectionnées puis cliquez sur **Dissocier les feuilles**.

C - Déplacer/copier des feuilles de calcul

▷ Ouvrez le classeur qui contient la feuille à transférer et le classeur de destination (lorsque le transfert doit se faire d'un classeur à l'autre).
▷ Sélectionnez la ou les feuilles à transférer.
▷ Cliquez avec le bouton DROIT de la souris sur un des onglets sélectionnés et activez l'option **Déplacer ou copier**.

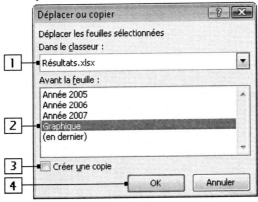

[1] Sélectionnez le classeur de destination.

Microsoft Office 2007

| 2 | Sélectionnez la feuille avant laquelle vous souhaitez transférer la sélection.
| 3 | Cochez cette option si vous souhaitez copier la (les) feuille(s).
| 4 | Effectuez le déplacement ou la copie.

⇨ Pour déplacer une ou plusieurs feuilles dans le classeur actif, cliquez sur l'onglet de la feuille à déplacer ou sélectionnez plusieurs feuilles et réalisez un cliqué-glissé vers la nouvelle position.

D- Insérer des feuilles de calcul

▷ Sélectionnez la feuille avant laquelle vous souhaitez insérer la nouvelle feuille ; pour insérer plusieurs feuilles en même temps, sélectionnez autant d'onglets de feuille consécutifs que vous souhaitez insérer de feuilles.

▷ Cliquez avec le bouton DROIT de la souris sur un des onglets sélectionnés et activez l'option **Insérer**.

▷ Vérifiez que l'option **Feuille** est active dans la boîte de dialogue **Insérer** et cliquez sur **OK**.

⇨ Le bouton de la barre des onglets ajoute une feuille en dernière position (ou ⇧ Shift F11).

E- Supprimer des feuilles de calcul

▷ Sélectionnez la ou les feuilles à supprimer.

▷ Cliquez avec le bouton DROIT de la souris sur un des onglets sélectionnés et activez l'option **Supprimer**.

▷ Si nécessaire, confirmez votre demande en cliquant sur le bouton **Supprimer**.

F- Renommer une feuille de calcul

▷ Faites un double clic sur l'onglet de la feuille à nommer puis saisissez directement le nouveau nom de la feuille et validez par la touche Entrée.

Ce nom ne doit pas comporter plus de 31 caractères (espaces compris). Il ne doit pas être placé entre crochets ni inclure les caractères suivants : deux-points (:), barre oblique (/), barre oblique inverse (\), point d'interrogation (?) et astérisque (*).

G- Modifier la couleur des onglets

▷ Sélectionnez le ou les onglets concernés.

▷ Cliquez avec le bouton DROIT sur l'un des onglets concernés puis pointez l'option **Couleur d'onglet**.

▷ Sélectionnez l'échantillon de couleur souhaité ou cliquez sur **Autres couleurs** pour créer une couleur personnalisée.

Lorsque la feuille est active, son nom apparaît souligné de la couleur choisie pour l'onglet.

2.3 Déplacement/sélections dans une feuille

A- Se déplacer dans une feuille de calcul

▷ Utilisez les barres de défilement :

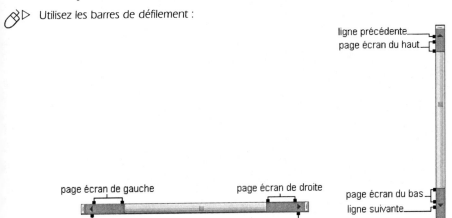

⇒ Lorsque vous faites glisser le curseur de défilement, Excel affiche dans une info-bulle le numéro de la ligne ou la lettre de la colonne.

▷ Utilisez le clavier de la manière suivante :

cellule de droite/de gauche	→ ou ⇄ / ← ou ⇧Shift ⇄
cellule du haut/du bas	↑ ou ⇧Shift Entrée / ↓ ou Entrée
page écran de droite/de gauche	Alt Pg Dn / Alt Pg Up
page écran du haut/du bas	Pg Up / Pg Dn
colonne A de la ligne active	↖
cellule A1	Ctrl ↖
Bord droit/gauche de la région de données	Ctrl ← / Ctrl →
Bord supérieur/inférieur de la région de données	Ctrl ↑ / Ctrl ↓

La **région de données** est une plage de cellules contenant des données et délimitée par des cellules vides ou des bordures de feuille de calcul.

⇒ Pour atteindre une cellule précise, *saisissez* sa référence dans la zone de nom de la barre de formule, puis validez par Entrée.

B- Passer d'une feuille à une autre

▷ Grâce aux boutons de défilement d'onglets, faites apparaître le nom de la feuille à atteindre puis cliquez ensuite sur son onglet.

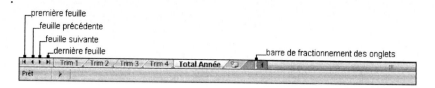

➪ Pour vous déplacer de plusieurs onglets à la fois, maintenez la touche [⇧Shift] enfoncée lorsque vous cliquez sur [◀] ou sur [▶].

➪ Au clavier, utilisez [Ctrl][Pg Dn] pour atteindre la feuille suivante ou [Ctrl][Pg Up] pour la feuille précédente.

C- Sélectionner des cellules

▷ Pour sélectionner des cellules adjacentes, utilisez l'une des trois techniques suivantes :

Le cliqué-glissé	Cliquez dans la première cellule à sélectionner et, sans relâcher le bouton de la souris, faites glisser celle-ci pour étendre la sélection.
Le [⇧Shift] clic	Cliquez dans la première cellule à sélectionner, pointez la dernière, appuyez sur la touche [⇧Shift] et, sans la relâcher, cliquez.
au clavier	Appuyez sur la touche [⇧Shift], maintenez-la enfoncée, utilisez les touches de déplacement en fonction de la sélection à réaliser.

▷ Pour sélectionner des cellules non adjacentes, sélectionnez la première plage de cellules ; appuyez sur la touche [Ctrl] et tout en la maintenant enfoncée, sélectionnez les autres plages de cellules ; relâchez ensuite la touche [Ctrl] avant le bouton de la souris.

➪ Dans une formule ou sur une boîte de dialogue, la sélection de cellules adjacentes est symbolisée par les deux points (:) et la sélection de cellules non adjacentes est symbolisée par le point-virgule (;).

➪ Pour sélectionner des cellules d'après leur contenu, dans l'onglet **Accueil**, groupe **Édition**, cliquez sur le bouton **Rechercher et sélectionner** puis sur l'option **Sélectionner les cellules**. Activez ensuite l'option correspondant à la nature des cellules à sélectionner et cliquez sur **OK**.

D- Sélectionner des lignes/des colonnes

▷ Procédez selon les techniques suivantes :

	Ligne	Colonne
🖱	Cliquez sur le numéro de la ligne.	Cliquez sur la lettre de la colonne.
[A]	Activez une cellule de la ligne et tapez [⇧Shift][Espace].	Activez une cellule de la colonne et tapez [Ctrl][Espace].

➪ Plusieurs lignes (ou colonnes) adjacentes peuvent être sélectionnées par la technique du "cliqué-glissé", du "[⇧Shift] clic"... Utilisez le [Ctrl] clic pour des lignes (ou colonnes) non adjacentes.

➪ Pour sélectionner toute la feuille de calcul, cliquez sur le bouton ▰ (à l'intersection des en-têtes de lignes et de colonnes), ou tapez [Ctrl][⇧Shift][Espace] ou [Ctrl] **A**.

2.4 La saisie et modification des données

A- Saisir des données (texte, valeurs, dates...)

▷ Activez la cellule d'affichage de la donnée puis saisissez la donnée à afficher.

▷ Activez la cellule de saisie suivante.

⇨ Pour écrire la donnée sur plusieurs lignes, tapez [Alt][Entrée] à la fin de chaque ligne ou activez l'outil **Renvoyer à la ligne automatiquement** de l'onglet **Accueil**, groupe **Alignement**.

⇨ Pour saisir un même contenu dans plusieurs cellules, sélectionnez-les, tapez la donnée (ce peut être une formule) et validez par [Ctrl][Entrée].

⇨ Après avoir tapé les premiers caractères, Excel peut proposer un contenu correspondant à une entrée existant dans la colonne (il ne doit pas cependant exister plus d'une cellule vierge au-dessus de la cellule de saisie). Il s'agit de la saisie semi-automatique, active par défaut (option **Saisie semi-automatique des valeurs de cellule** de la boîte de dialogue **Options Excel** (bouton - bouton **Options Excel** - catégorie **Options avancées - Options d'édition**)). Si l'entrée proposée vous convient, validez la saisie ; sinon, vous pouvez afficher la liste de choix en appuyant sur [Alt][↓]. Cliquez alors sur l'entrée qui vous convient. Si aucune entrée ne vous convient, poursuivez la saisie.

⇨ L'option **Déplacer la sélection après validation** (bouton - bouton **Options Excel** - catégorie **Options avancées - Options d'édition**) permet de désactiver ou d'activer le passage en cellule suivante après la touche [Entrée].

⇨ Pour que le nombre 10000 apparaisse immédiatement sous la forme 10 000 €, saisissez 10000 €. Pour entrer un pourcentage, tapez le signe % juste après le nombre. Pour saisir une valeur négative, faites-la précéder d'un signe (-) ou entourez-la de parenthèses.

⇨ Pour la saisie des dates, Excel interprète l'année saisie sur deux chiffres de cette façon : de 00 à 29 = de 2000 à 2029 et de 30 à 99 = de 1930 à 1999.

⇨ Les paramètres **Nombre**, **Symbole monétaire**, **Heure**, **Date** et de séparateur sont modifiables à partir du menu **Démarrer - Panneau de configuration - Options régionales et linguistiques**.

B- Insérer la date/l'heure système dans une cellule

▷ Activez la cellule d'affichage de la date.

Microsoft Office 2007

▷ Pour insérer la date et/ou l'heure système, mises à jour à chaque ouverture du classeur, utilisez la fonction =AUJOURDHUI() ou =MAINTENANT().

▷ Pour insérer la date et/ou l'heure système statiques, utilisez le raccourci-clavier :
[Ctrl] ;   insère la date.
[Ctrl] :   insère l'heure.
[Ctrl] ; [Espace] [Ctrl] :   insère la date suivie de l'heure.

C- Créer une série de données

▷ Si la série doit afficher des valeurs avec un incrément égal à une unité : saisissez la première valeur de la série et faites glisser la poignée de recopie de cette cellule jusqu'à la cellule d'affichage de la dernière valeur.
Si la série doit afficher des valeurs avec un incrément différent de un, saisissez les deux premières valeurs de la série, sélectionnez ces deux cellules et faites glisser la poignée de recopie de la deuxième cellule jusqu'à la cellule d'affichage de la dernière valeur.

▷ Juste après avoir créé la série, le bouton apparaît dans le coin inférieur droit de la série. En cliquant sur ce bouton, vous pouvez, si besoin, et selon le type de série, choisir de modifier le type de copie ou d'incrémentation.

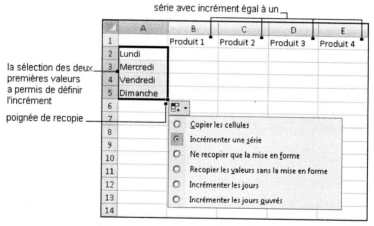

⇨ Vous pouvez aussi, après avoir saisi la première valeur de la série et sélectionné la cellule contenant cette valeur, activer l'option **Série** de l'outil **Remplissage** (onglet **Accueil** - groupe **Édition**) pour préciser le type de série à effectuer et l'incrément.

D- Modifier le contenu d'une cellule

▷ Faites un double clic dans la cellule à modifier.
▷ Réalisez vos modifications (la touche [Inser] permet de passer du mode Insertion au mode Refrappe) puis validez.

⇨ Vous pouvez aussi activer la cellule puis cliquer dans la barre de formule afin d'y effectuer vos modifications.

E - Effacer le contenu des cellules

▷ Sélectionnez les cellules dont le contenu doit être effacé.
▷ Faites [Suppr] ou faites glisser la poignée de recopie de la sélection et "balayez" ainsi toutes les cellules à effacer.

⇨ Cette technique efface les contenus des cellules mais pas les formats ni les commentaires. Pour cela, ouvrez la liste associée à l'outil [⌀▾] (onglet **Accueil** - groupe **Édition** et sélectionnez l'option correspondante.

F - Trier les données d'un tableau selon un seul critère

▷ Si seule une partie du tableau doit être triée, sélectionnez les cellules concernées.
▷ Cliquez dans une des cellules de la colonne en fonction de laquelle vous souhaitez trier ; si vous avez effectué une sélection, utilisez les touches [⇄] ou [⇧ Shift][⇄] pour accéder à cette cellule.
▷ Onglet **Données** - groupe **Trier et filtrer** - outil [A↓Z] (ordre croissant) ou [Z↓A] (ordre décroissant)

Vous pouvez aussi utiliser le bouton **Trier et filtrer** de l'onglet **Accueil**, groupe **Édition**.

⇨ Pour annuler un tri, cliquez sur le bouton **Annuler** de la barre d'outils **Accès rapide** ou [Ctrl] Z.

2.5 Les copies et déplacements

A - Copier un contenu vers des cellules adjacentes

▷ Activez la cellule à recopier puis pointez la poignée de recopie de la cellule.

	Quantités vendues	Bénéfice réalisé	
	22	880,00 €	← poignée de recopie
	35		
	53		
	44		

▷ Cliquez et faites glisser en direction de la dernière cellule destinatrice de la copie puis relâchez.
▷ Pour modifier le type de copie effectuée, cliquez sur le bouton [📋] située dans le coin inférieur droit de la plage de cellules copiée.

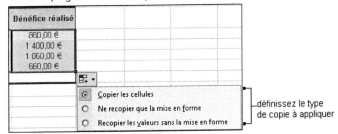
définissez le type de copie à appliquer

B- Copier/déplacer des cellules

▷ Sélectionnez les cellules à transférer.
▷ Pointez l'un des bords de la sélection (le pointeur prend la forme).
▷ S'il s'agit d'une recopie, appuyez sur la touche `Ctrl` et, sans la relâcher, faites un cliqué-glissé vers le lieu de la duplication. S'il s'agit d'un déplacement, réalisez un cliqué-glissé en direction de la première cellule de destination.
▷ Relâchez le bouton de la souris, puis éventuellement, la touche `Ctrl`.

⇨ Pour déplacer un groupe de cellules vers une autre feuille, maintenez la touche `Alt` en faisant glisser la sélection sur l'onglet de la feuille concernée puis vers la première cellule de destination. Dans le cas d'une copie, maintenez les touches `Alt` et `Ctrl` enfoncées lors du cliqué-glissé.

⇨ Vous pouvez aussi utiliser le Presse-papiers (cf. chapitre Fonctions communes).

C- Copier des cellules vers d'autres feuilles

▷ Sélectionnez les cellules à copier.
▷ Sélectionnez la ou les autres feuilles concernées : maintenez la touche `Ctrl` ou `⇧ Shift` enfoncée et cliquez sur leur onglet.
▷ Onglet **Accueil** - groupe **Édition** - outil **Remplissage** - option **Dans toutes les feuilles de données**
▷ Selon votre choix, choisissez de **Tout** copier ou de copier seulement le **Contenu** ou les **Formats** puis validez par **OK**.

2.6 Les zones nommées

A- Nommer des plages de cellules

▷ Sélectionnez les cellules qui doivent porter un même nom.
▷ Onglet **Formules** - groupe **Noms définis** - bouton **Définir un nom**

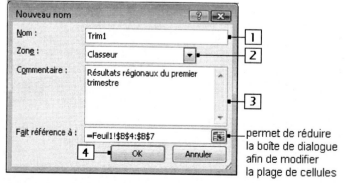

1 Saisissez ou modifiez le nom proposé.

2 Précisez l'étendue du nom : sélectionnez l'option **Classeur** ou le nom d'une feuille de calcul du classeur.

3 Saisissez, éventuellement, un descriptif de la plage nommée (255 caractères maximum).

4 Cliquez sur **OK**.

B - Modifier la plage de cellules associée à un nom

▷ Onglet **Formules** - groupe **Noms définis** - bouton **Gestionnaire de noms**

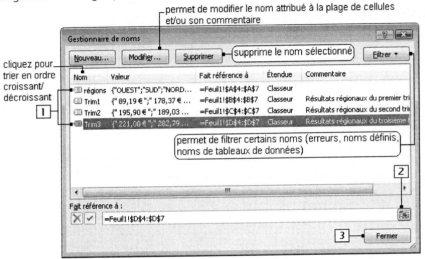

1 Sélectionnez le nom à modifier.

2 Cliquez sur ce bouton pour réduire la boîte de dialogue afin de modifier la plage de cellules associée au nom. Cliquez ensuite sur le bouton pour retrouver la boîte de dialogue **Gestionnaire de noms**.

3 Validez les modifications et fermez la boîte de dialogue.

C - Utiliser des zones nommées dans les calculs

▷ Commencez la formule et arrêtez-vous lorsque vous avez besoin d'insérer le nom.

▷ Onglet **Formules** - groupe **Noms définis** - bouton **Utiliser dans la formule**

La liste des zones préalablement nommées s'affiche.

▷ Cliquez sur le nom correspondant à la plage de cellules à insérer.

▷ Continuez et terminez la formule.

⇨ Vous pouvez également saisir le nom directement dans la formule, à la place des références de cellules.

2.7 Les calculs

A- Saisir une formule de calcul

▷ Activez la cellule où vous souhaitez afficher le résultat.
▷ Tapez =
▷ Cliquez dans la première cellule du calcul ou saisissez sa référence.
▷ Tapez l'opérateur mathématique du calcul à effectuer (+, -, /, *, % ou ^ pour l'élévation à la puissance).
▷ Montrez ainsi chacune des cellules intervenant dans le calcul.

	A	B	C	D	E
3	Désignation	Prix de vente	Prix de revient	Quantités vendues	Bénéfice réalisé
4	Lampadaires	120,00 €	80,00 €	22	=(B4-C4)*D4
5	Tapis	150,00 €	110,00 €	35	
6	Tableaux	75,00 €	55,00 €	53	
7	Vases	37,00 €	22,00 €	44	
8	Total bénéfice réalisé				

▷ Lorsque la dernière cellule est montrée, validez soit par ☑ de la barre de formule, soit par la touche [Entrée].

⇨ Vous pouvez saisir une formule faisant référence à des cellules d'une ou de plusieurs autres feuilles. Commencez la formule et au moment désiré, cliquez sur l'onglet de la feuille concernée puis sélectionnez la ou les cellules de votre choix. Terminez la formule et validez.

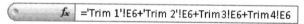
='Trim 1'!E6+'Trim 2'!E6+Trim3!E6+Trim4!E6

⇨ Vous pouvez également créer des formules multiclasseurs ; dans ce cas, tous les classeurs intervenant dans le calcul doivent être ouverts. Pour atteindre une cellule d'une feuille d'un autre classeur, utilisez le bouton **Changement de fenêtre** (onglet **Affichage** - groupe **Fenêtre**.

B- Additionner un ensemble de cellules

▷ Activez la cellule d'affichage du résultat.
▷ Onglet **Accueil** - groupe **Édition** - outil Σ▾ ou onglet **Formules** - groupe **Bibliothèque de fonctions** - bouton **Somme automatique** ou [Alt] =

	A	B	C	D	E	F
3	Désignation	Prix de vente	Prix de revient	Quantités vendues	Bénéfice réalisé	
4	Lampadaires	120,00 €	80,00 €	22	880,00 €	
5	Tapis	150,00 €	110,00 €	35	1 400,00 €	
6	Tableaux	75,00 €	55,00 €	53	1 060,00 €	
7	Vases	37,00 €	22,00 €	44	660,00 €	
8	Total bénéfice réalisé				=SOMME(E4:E7)	
9					SOMME(nombre1; [nombre2]; ...)	

▷ Si la sélection n'est pas satisfaisante, modifiez-la par cliqué-glissé puis validez.

⇨ Lorsque vous sélectionnez une plage de cellules contenant des valeurs numériques, Excel affiche, dans la barre d'état, la somme de ces valeurs ainsi que leur moyenne et le nombre de cellules non vides. Si vous cliquez avec le bouton droit dans la barre d'état, vous pouvez également choisir d'afficher le nombre de cellules contenant des valeurs numériques, la valeur la plus grande et la valeur la plus petite des cellules sélectionnées.

C - Rendre absolue une référence de cellule

Cette technique permet de fixer la référence d'une cellule dans une formule de façon à ce que cette référence ne se modifie pas lors de la recopie de la formule.

▷ Lors de la saisie de la formule, arrêtez-vous lorsque la cellule concernée est montrée. En processus de modification, déplacez le point d'insertion sur la référence de la cellule.

▷ Appuyez sur la touche [F4].

	A	B	C	D	E	F
1	COMMANDE DE MAILLOTS ET DOSSARDS					
2						
3	Réf.	Désignation	Prix	Quantité	Total	TOTAL (dont transport)
4	DJ48	Dossard Benjamin rouge	28,99	22	637,78	=E4+(E4*E10
5	DB125	Dossard Junior rouge	24,50	15	367,50	
6	DJ250	Dossard Junior jaune	29,50	14	413,00	
7	DB128	Dossard Benjamin jaune	26,70	18	480,60	
8						
9						
10					Transport :	5%

les caractères $ indiquent que la colonne et la ligne sont fixées

▷ Au besoin, terminez la formule puis validez.

⇨ Appuyez plusieurs fois sur la touche [F4] pour figer uniquement la ligne ou uniquement la colonne ; il s'agit alors de référence mixte.

D - Utiliser les fonctions statistiques simples

▷ Activez la cellule d'affichage du résultat.

▷ Ouvrez la liste associée à l'outil **Σ** (onglet **Accueil** - groupe **Édition**) ou au bouton **Somme automatique** (onglet **Formules** - groupe **Bibliothèque de fonctions**).

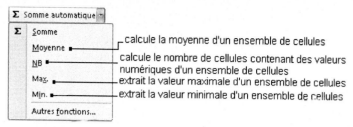

▷ Si la sélection des cellules n'est pas satisfaisante, modifiez-la par cliqué-glissé puis validez.

E- Insérer une fonction

▷ Activez la cellule où vous souhaitez afficher le résultat.

▷ Cliquez sur ![fx] situé dans la barre de formule ou dans l'onglet **Formules** ou [⇧ Shift] [F3].

▷ Si besoin, changez de catégorie de formules à l'aide de la liste **Ou sélectionnez une catégorie**.

▷ Sélectionnez une fonction de votre choix dans la zone de liste correspondante.

▷ Cliquez sur le bouton **OK**.

▷ Pour définir chaque argument de la fonction :
- cliquez dans la zone de saisie correspondante puis cliquez sur ![icon],
- sélectionnez dans la feuille de calcul, la ou les cellules correspondant à l'argument,
- cliquez sur ![icon] pour réafficher la boîte de dialogue.

▷ Lorsque tous les arguments ont été définis, cliquez sur **OK**.

⇨ Si vous connaissez la fonction à utiliser, vous pouvez la saisir directement dans la cellule après avoir saisi le signe = (égal) : dès la saisie de la première lettre, Excel propose une liste de fonctions correspondant à la saisie. Continuez de saisir le nom de la fonction ou faites un double clic sur une des fonctions proposées dans la liste.

⇨ Vous pouvez insérer une fonction à l'intérieur d'une formule ou d'une autre fonction : commencez la formule, et au moment désiré, cliquez sur le bouton ▼ de la barre de formule pour afficher une liste contenant les dernières fonctions utilisées ainsi que l'option **Autres fonctions** pour accéder à la liste complète des fonctions ; vous pouvez aussi cliquer sur le bouton **Utilisée(s) récemment** (onglet **Formules** - groupe **Bibliothèque de fonctions**).

F- Insérer des lignes de statistiques

▷ Triez le tableau en fonction de la colonne qui contiendra les groupes devant faire l'objet d'un sous-total.

▷ Sélectionnez le tableau.

▷ Onglet **Données** - groupe **Plan** - bouton **Sous-total**

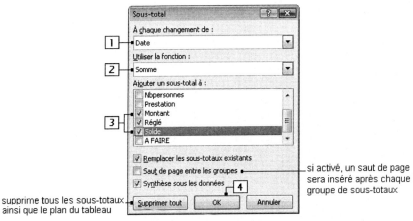

[1] Sélectionnez la colonne dont le contenu va permettre la constitution des groupes.
[2] Choisissez le calcul à effectuer pour chaque groupe.
[3] Cochez les colonnes qui contiennent les valeurs sur lesquelles effectuer les calculs.
[4] Validez.
Excel calcule les statistiques demandées et construit un plan.

2.8 La présentation du tableau

A- Insérer des lignes/des colonnes

▷ Sélectionnez la ligne entière (ou la colonne entière) après laquelle vous souhaitez insérer la nouvelle ligne (ou colonne). Pour insérer plusieurs lignes ou colonnes, sélectionnez autant de lignes (colonnes) que vous souhaitez en insérer.

▷ Onglet **Accueil** - groupe **Cellules** - bouton **Insérer** ou [Ctrl] +

Vous pouvez aussi effectuer un clic avec le bouton droit de la souris sur la sélection et choisir **Insertion**.

⇨ Lorsque vous insérez une ligne (ou colonne), l'élément ajouté a pour mise en forme celle de l'élément précédent. Pour modifier cette option, cliquez sur le bouton qui apparaît à côté de l'élément ajouté puis sélectionnez l'option **Format identique à celui du dessous/dessus** (pour une ligne), **Format identique à celui de gauche/de droite** (pour une colonne) ou l'option **Effacer la mise en forme**.

B- Supprimer des lignes/des colonnes

▷ Sélectionnez les lignes (ou les colonnes) à supprimer.
▷ Onglet **Accueil** - groupe **Cellules** - bouton **Supprimer** ou [Ctrl] -
Vous pouvez aussi cliquer avec le bouton droit de la souris sur la sélection et choisir **Supprimer**.

C - Modifier la largeur de colonne/hauteur de ligne

▷ Sélectionnez chaque colonne concernée par une même largeur (ou chaque ligne concernée par une même hauteur) ; si une seule colonne/ligne est concernée, il est inutile de la sélectionner.

▷ Pointez le trait vertical situé à droite de l'une des colonnes concernées (ou le trait horizontal situé au-dessous du numéro de l'une des lignes).

▷ Faites alors un cliqué-glissé.

⇨ Il est possible d'ajuster la largeur d'une colonne ou la hauteur d'une ligne en fonction de l'entrée de cellule la plus longue ou la plus haute, en faisant un double clic sur le trait vertical situé à droite de la lettre de la colonne concernée ou sur le trait horizontal au-dessous du numéro de la ligne.

D - Formater des valeurs numériques

▷ Sélectionnez les cellules concernées.

▷ Onglet **Accueil** - groupe **Nombre** - bouton **Format de nombre**

▷ Cliquez sur le format souhaité : **Nombre**, **Monétaire**, **Comptabilité**, **Pourcentage**, **Fraction** ou **Texte**.

Le format **Texte** permet d'aligner à gauche des valeurs numériques.

⇨ Si des dièses apparaissent dans certaines cellules, augmentez la largeur de la colonne.

⇨ Les outils ![] et ![] du groupe **Nombre** (onglet **Accueil**) permettent d'augmenter ou de diminuer le nombre de décimales affichées.

⇨ Le format **Standard** permet de réinitialiser le format de nombre standard et ainsi d'annuler le format appliqué.

E - Formater des dates/des heures

▷ Sélectionnez les cellules contenant des dates ou des heures.

▷ Onglet **Accueil** - groupe **Nombre** - bouton **Format de nombre** - option **Date courte**, **Date longue** ou **Heure**

ou

Cliquez sur le bouton ![] du groupe **Nombre** (ou Ctrl Shift 1) puis choisissez la **Catégorie Date** ou **Heure** et sélectionnez le format voulu dans la liste **Type**.

F - Appliquer une mise en forme conditionnelle prédéfinie

▷ Sélectionnez les cellules concernées par la mise en forme conditionnelle.

▷ Onglet **Accueil** - groupe **Style** - bouton **Mise en forme conditionnelle**

▷ Pointez l'une des trois options proposées :

Barres de données   la longueur de la barre représente la valeur.

Nuances de couleurs   l'ombrage de la couleur représente les valeurs les plus élevées et les plus basses (échelle à 2 couleurs) ou les valeurs élevées, intermédiaires et basses (échelle à trois couleurs).

Jeux d'icônes   chaque icône représente une plage de valeurs.

▷ Cliquez ensuite sur l'un des modèles de mise en forme proposés.

	B	C	D
	Trim 1	Trim 2	Trim 3
	1250	1475	1342
	1320	1120	1500
	1450	1356	1400
	1360	1423	1450
	1420	1523	1475

Barres de données   *Échelle de couleur à trois couleurs*

	B	C	D
	Trim 1	Trim 2	Trim 3
	⬇ 1250 ⬆	1475 ⬇	1342
	⬇ 1320 ⬇	1120 ⬆	1500
	⬆ 1450 ⬇	1356 ➡	1400
	⬇ 1360 ➡	1423 ⬆	1450
	➡ 1420 ⬆	1523 ⬆	1475

⇨ Vous pouvez cumuler les trois mises en valeur conditionnelles sur la même plage de cellules.

⇨ Lorsque vous modifiez une donnée, la mise en forme conditionnelle appliquée à la cellule est immédiatement mise à jour.

G-Créer une règle de mise en forme conditionnelle

▷ Sélectionnez les cellules concernées.
▷ Onglet **Accueil** - groupe **Style** - bouton **Mise en forme conditionnelle** - option **Nouvelle règle**
▷ Vérifiez que l'option **Mettre en forme toutes les cellules d'après leur valeur** de la zone **Sélectionnez un type de règle** est active.

Créer une mise en forme conditionnelle de type Barres de données

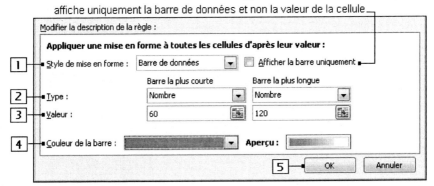

1 Sélectionnez l'option **Barre de données**.

2. Pour chaque barre, indiquez le type de mise en forme voulu : **Valeur inférieure** ou **Valeur supérieure**, **Nombre** (pour mettre en forme des valeurs numériques, des dates ou des heures), **Pourcentage**, **Centile** ou **Formule** (pour mettre en forme le résultat d'une formule).

3. Entrez une valeur dans chacune des zones (les choix **Valeur inférieure** et **Valeur supérieure** de l'option **Type** ne permettent pas d'indiquer de valeur).

4. Choisissez la couleur de la barre.

5. Cliquez sur le bouton **OK**.

Créer une mise en forme conditionnelle de type Nuances de couleurs

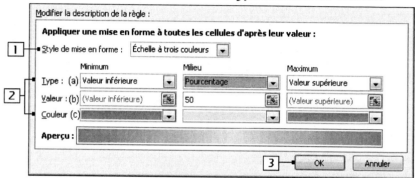

1. Sélectionnez l'option **Échelle à deux couleurs** ou **Échelle à trois couleurs**.

2. Pour chaque tranche de valeurs, choisissez l'option **Valeur inférieure** ou **Valeur supérieure**, **Nombre**, **Pourcentage**, **Formule** ou **Centile** (a) puis saisissez le nombre, le pourcentage, le centile ou créez la formule de calcul indiquant la condition pour afficher les valeurs (b). Sélectionnez ensuite une couleur (c).

3. Cliquez sur **OK**.

Créer une mise en forme conditionnelle de type Jeux d'icônes

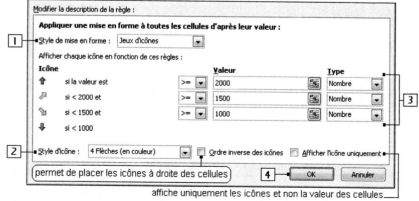

1. Sélectionnez l'option **Jeux d'icônes**.

2 Choisissez le style d'icône qui vous convient.

3 Pour chaque icône, sélectionnez le **Type** de valeur et saisissez le nombre, le pourcentage, le centile ou créez la formule de calcul dans la zone **Valeur** associée.

4 Cliquez sur le bouton **OK**.

H-Formater des cellules en fonction de leur contenu

▷ Sélectionnez les cellules concernées.

Appliquer un format prédéfini

▷ Onglet **Accueil** - groupe **Style** - bouton **Mise en forme conditionnelle** - **Règles de mises en surbrillance des cellules** ou **Règles des valeurs plus/moins élevées**

▷ Sélectionnez une des options proposées.

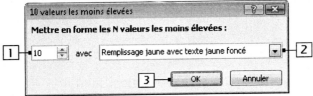

1 En fonction de la règle choisie, modifiez ou saisissez les données correspondant à la règle à appliquer.

2 Sélectionnez le format à appliquer.

3 Cliquez sur **OK**.

Personnaliser le format

▷ Onglet **Accueil** - groupe **Style** - bouton **Mise en forme conditionnelle** - option **Nouvelle règle**

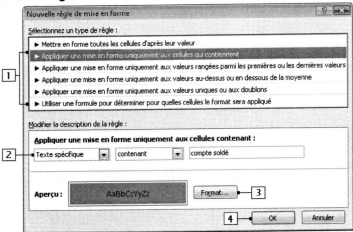

1 Sélectionnez le type de règle que vous souhaitez créer.

2 Précisez les conditions d'application de la règle.

3 Cliquez sur ce bouton afin de personnaliser le format des cellules correspondant à la condition.

4 Cliquez sur **OK**.

⇨ Pour gérer les règles de mise en forme conditionnelle, sélectionnez les cellules concernées, cliquez sur le bouton **Mise en forme conditionnelle** de l'onglet **Accueil** puis cliquez sur l'option **Gérer les règles**.

⇨ Pour supprimer les formats conditionnels (liés à des règles) appliqués dans une feuille ou sur une plage de cellules, activez la feuille de calcul ou sélectionnez les cellules concernées puis : onglet **Accueil** - groupe **Style** - bouton **Mise en forme conditionnelle** - **Effacer les règles** - option **Effacer les règles des cellules sélectionnées** ou **Effacer les règles de la feuille entière**.

I- Aligner le contenu des cellules

▷ Sélectionnez les cellules concernées.

▷ Utilisez les outils de l'onglet **Accueil** - groupe **Alignement** :

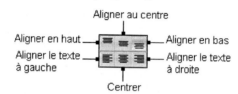

▷ Onglet **Accueil** - groupe **Alignement** - bouton

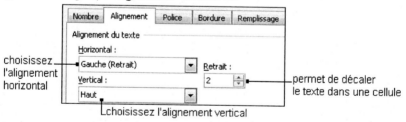

▷ Pour justifier le contenu d'une cellule en largeur, sélectionnez l'option **Distribué (Retrait)** dans la liste **Horizontal** ; pour justifier le texte en hauteur, sélectionnez l'option **Justifié** dans la liste **Vertical**.

▷ Pour mettre en retrait le contenu des cellules, choisissez l'alignement **Horizontal**, **Gauche (Retrait)**, **Droite (Retrait)** ou **Distribué (Retrait)** en fonction du type de retrait à effectuer et précisez la valeur du **Retrait** (chaque incrément correspond à la largeur d'un caractère).

⇨ Les outils et du groupe **Alignement** permettent respectivement d'augmenter et de diminuer le retrait gauche.

J - Appliquer un style de cellule

▷ Sélectionnez les cellules concernées par l'application du style.
▷ Onglet **Accueil** - groupe **Style** - bouton **Styles de cellules**
   La liste de tous les styles apparaît dans différentes catégories (**Bon, mauvais et neutre, Données et modèle**...).
▷ Cliquez sur le style à appliquer.

⇨ Le style **Normal** de la catégorie **Bon, mauvais et neutre** permet de retrouver la mise en forme appliquée avant l'application d'un style.

K - Appliquer un thème au classeur

Un thème est un ensemble d'éléments de mises en forme qui inclut des couleurs, des polices (y compris des polices d'en-tête et de corps de texte) et des effets graphiques (y compris des lignes et des effets de remplissage). Par défaut, le thème **Office** est associé à chaque classeur créé.

▷ Activez la feuille de calcul concernée par l'application du thème.
▷ Onglet **Mise en page** - groupe **Thèmes** - bouton **Thèmes**
▷ Cliquez sur le bouton correspondant au thème à appliquer.
   Le thème appliqué modifie la présentation des cellules mises en forme avec des styles.

⇨ L'option **Autres thèmes sur Microsoft Office Online** du bouton **Thèmes** permet de rechercher d'autres thèmes sur Office Online.

L - Modifier les bordures des cellules

Appliquer des bordures prédéfinies

▷ Sélectionnez les cellules concernées.
▷ Onglet **Accueil** - groupe **Police** - outil

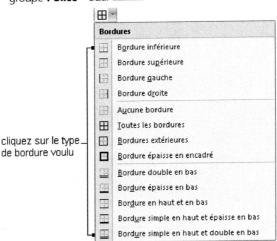

cliquez sur le type de bordure voulu

L'outil ⊞ présente maintenant le dessin de la dernière bordure choisie.

Appliquer d'autres bordures

▷ Sélectionnez les cellules concernées.
▷ Onglet **Accueil** - groupe **Police** - outil ⊞ - option **Autres bordures** ou `Ctrl` `⇧ Shift` `1`
Vous pouvez aussi cliquer sur le bouton 🗇 du groupe **Police**.

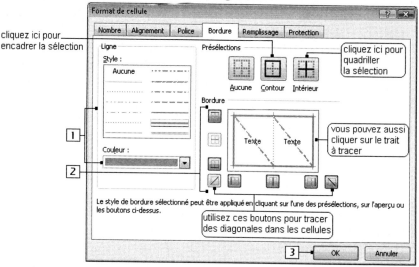

1 Choisissez le style et la couleur de la bordure.
2 Indiquez où Excel doit tracer les traits de la bordure.
3 Cliquez sur **OK**.

⇨ Vous pouvez dessiner des bordures en activant l'option **Tracer les bordures** dans la liste associée à l'outil ⊞ du groupe **Police**. La **Couleur de ligne** et le **Style de trait** sont paramétrables dans cette même liste. Pour dessiner le quadrillage, activez l'option **Tracer les bordures de grille**.

⇨ Pour désactiver le mode traçage de bordure ou de grille, faites `Echap` ou désactivez l'option correspondante dans la liste associée à l'outil ⊞.

M Appliquer une couleur de fond aux cellules

▷ Sélectionnez les cellules concernées.
▷ Onglet **Accueil** - groupe **Police** - liste de l'outil **Couleur de remplissage** 🎨
▷ Cliquez sur la couleur attendue ou activez l'option **Autres couleurs** pour créer votre propre couleur.

⇨ La dernière couleur appliquée s'affiche sur l'outil 🎨 ; pour l'appliquer à nouveau, il suffit de cliquer sur l'outil, sans ouvrir sa liste.

⇨ La boîte de dialogue **Format des cellules**, onglet **Remplissage**, vous permet aussi d'appliquer une couleur dans le fond des cellules.

⇨ Pour annuler une couleur de fond sur une sélection de cellules, choisissez l'option **Aucun remplissage** de la liste associée à l'outil.

N-Appliquer un motif ou un dégradé dans le fond des cellules

▷ Sélectionnez les cellules concernées.
▷ Onglet **Accueil** - groupe **Police** - bouton ou Ctrl Shift 1
▷ Activez l'onglet **Remplissage**.

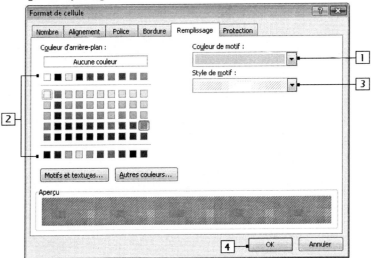

1 Si vous souhaitez créer un motif coloré, sélectionnez la couleur de premier plan.

2 Sélectionnez, si besoin, une couleur pour l'arrière-plan du motif.

3 Sélectionnez le style de motif que vous souhaitez appliquer aux cellules.

4 Cliquez sur le bouton **OK**.

⇨ Le bouton **Motifs et textures** de la boîte de dialogue **Format de cellule** (onglet **Remplissage**) permet d'appliquer un dégradé aux cellules sélectionnées.

O-Fusionner des cellules

▷ Sélectionnez les cellules à fusionner (seules les données situées dans la première cellule de la sélection apparaîtront dans les cellules fusionnées).
▷ Onglet **Accueil** - groupe **Alignement** - outil **Fusionner et centrer**

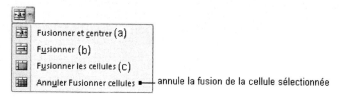

annule la fusion de la cellule sélectionnée

(a) fusionne la sélection tout en centrant horizontalement le contenu de la première cellule sur la sélection.
(b) fusionne la sélection dans le sens horizontal, sans changer l'alignement horizontal de la sélection.
(c) fusionne la sélection dans le sens horizontal ou vertical, sans changer l'alignement horizontal de la sélection.

2.9 L'impression

A- Imprimer une feuille/un classeur

▷ Pour imprimer la feuille active selon les paramètres de mise en page actifs : bouton - **Imprimer** - **Impression rapide**.

▷ Pour définir les options d'impression particulières : bouton - **Imprimer** ou Ctrl **P**.

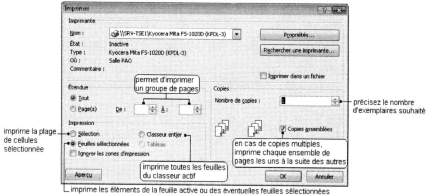

⇨ Pour créer une zone d'impression, c'est-à-dire définir la partie de la feuille qui doit être imprimée, sélectionnez les cellules concernées puis : onglet **Mise en page** - groupe **Mise en page** - bouton **Zone d'impression** - option **Définir**. L'option **Annuler** supprime la zone d'impression.

B- Insérer un saut de page

▷ Activez la cellule à partir de laquelle vous souhaitez commencer une nouvelle page.
▷ Onglet **Mise en page** - groupe **Mise en page** - bouton **Sauts de page** - option **Insérer un saut de page**

Le saut de page est matérialisé par une ligne de pointillés.

▷ Pour supprimer un saut de page, activez une cellule de la ligne (ou de la colonne) qui le suit, cliquez sur le bouton **Sauts de page** puis sur **Supprimer le saut de page**.

▷ En mode **Aperçu des sauts de page**, les sauts de page sont représentés par un trait bleu qui peut facilement être déplacé.

C - Répéter des lignes/des colonnes sur chaque page

▷ Onglet **Mise en page** - groupe **Mise en page** - bouton **Imprimer les titres**

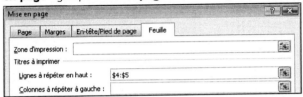

▷ Sélectionnez les lignes et/ou les colonnes à imprimer sur chaque page dans les zones **Lignes à répéter en haut** et/ou **Colonnes à répéter à gauche**.

Sur cet exemple, les lignes 4 et 5 seront imprimées sur toutes les pages.

▷ Cliquez sur le bouton **OK**.

D - Utiliser l'aperçu avant impression

▷ Bouton - **Imprimer** - **Aperçu avant impression** ou Ctrl F2

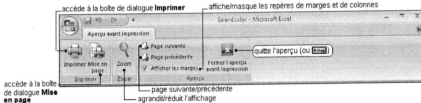

▷ Pour zoomer l'aperçu, placez la souris sur la partie à agrandir puis cliquez. Pour revenir en vision réduite, cliquez à nouveau sur la page.

▷ Pour modifier les marges et largeurs des colonnes, cochez l'option **Afficher les marges** et faites glisser la poignée de votre choix.

E - Modifier les options de mise en page

▷ Activez l'onglet **Mise en page**.

▷ Pour modifier les marges, cliquez sur le bouton **Marges** du groupe **Mise en page**.

▷ Sélectionnez l'option **Normales - Larges** ou **Étroites** pour appliquer des marges prédinies. Pour définir d'autres valeurs de marges, cliquez sur l'option **Marges personnalisées** puis spécifiez les valeurs souhaitées dans les zones **Haut**, **Bas**, **Gauche** et **Droite** de la boîte de dialogue **Mise en page** ; les options **Horizontalement** et **Verticalement** permettent de centrer le tableau dans la largeur et/ou dans la hauteur de la page.

▷ Pour modifier l'orientation, cliquez sur le bouton **Orientation** du groupe **Mise en page** et choisissez l'option **Portrait** ou **Paysage**.

▷ Pour définir le format du papier, cliquez sur le bouton **Taille** du groupe **Mise en page**. Choisissez une des options proposées ou cliquez sur **Autres tailles de papier** pour choisir une autre option dans la liste **Format du papier** de la boîte de dialogue **Mise en page**.

▷ Pour modifier l'échelle d'impression, utilisez les boutons du groupe **Mise à l'échelle**.

▷ Pour imprimer le quadrillage ou les numéros de ligne et les lettres de colonnes, cochez l'option **Imprimer** correspondante dans le groupe **Options de la feuille de calcul**.

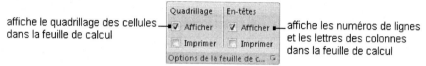

affiche le quadrillage des cellules dans la feuille de calcul

affiche les numéros de lignes et les lettres des colonnes dans la feuille de calcul

F- Créer des en-têtes et des pieds de page

▷ En mode d'affichage Mise en page, cliquez dans la zone située au centre dans la marge du haut, dans laquelle apparaît le texte **Cliquez ici pour ajouter un en-tête**.

Le point d'insertion clignote dans la zone centrale de l'**En-tête** et l'onglet spécifique **Outils des en-têtes et pieds de page - Création** s'affiche.

▷ Pour insérer un en-tête prédéfini, ouvrez la liste **En-tête** du groupe **En-tête et pied de page** de l'onglet **Outils des en-têtes et pieds de page** ; pour insérer un pied de page prédéfini, ouvrez la liste **Pied de page**. Cliquez sur le contenu voulu.

Lorsqu'Excel propose un seul contenu, il apparaît dans la zone centrale ; lorsque plusieurs contenus sont proposés, ils sont séparés par des points-virgules et s'affichent dans les zones de gauche, centrale et/ou droite.

▷ Pour insérer un en-tête/pied de page personnalisé, activez la zone de texte concernée en cliquant dessus.

▷ Saisissez le texte que vous souhaitez ; utilisez la touche [Entrée] pour créer plusieurs lignes.

▷ Pour mettre en valeur les caractères, sélectionnez-les et utilisez les outils de l'onglet **Accueil**.

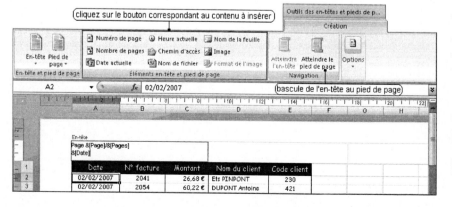

▷ Pour quitter l'en-tête ou le pied de page, cliquez dans la feuille de calcul ou faites Echap.

⇨ Vous pouvez insérer une image en filigrane pour l'imprimer derrière le texte de la feuille. Cliquez dans la zone de texte de l'en-tête ou du pied de page puis sur le bouton **Image** du groupe **Éléments en-tête et pied de page** de l'onglet **Outils des en-têtes et pieds de page**. Accédez au dossier contenant l'image et faites un double clic sur le nom du fichier. Redimensionnez si besoin l'image en cliquant sur le bouton **Format de l'image**.

2.10 Les graphiques

A- Créer un graphique

▷ Sélectionnez les cellules contenant les données à représenter dans le graphique.

Si celles-ci ne se trouvent pas dans un même bloc, effectuez la sélection en utilisant la méthode de sélection de plages de cellules non adjacentes (en utilisant la touche Ctrl). Veillez à ce que les blocs de cellules sélectionnées (non adjacents) constituent à eux tous une forme rectangulaire.

▷ Dans l'onglet **Insertion**, groupe **Graphique**, cliquez sur le bouton correspondant au type de graphique à créer, puis sélectionnez un sous-type de graphique.

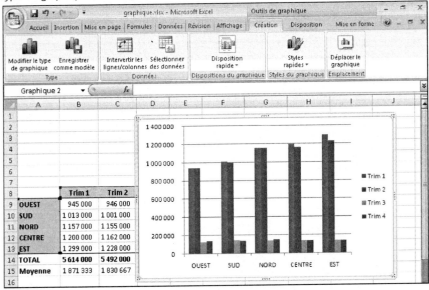

Par défaut, le graphique est créé dans la feuille de calcul : il s'agit d'un graphique **incorporé**.

▷ Déplacez, si besoin est, le graphique : pointez un des bords de l'objet graphique puis faites-le glisser.

▷ Pour modifier ses dimensions, faites glisser l'une des poignées.

⇨ Pour créer rapidement un graphique se basant sur le type de graphique par défaut, sélectionnez les données à présenter, puis faites [Alt] [F1] pour créer un graphique incorporé ou [F11] pour créer un graphique sur une feuille de graphique distincte.

⇨ Pour créer un graphique à partir d'un modèle, dans l'onglet **Insertion**, cliquez sur le bouton ▣ du groupe **Graphiques**. Cliquez sur le dossier **Modèles** puis faites un double clic sur le nom du modèle à utiliser.

⇨ Pour activer un graphique incorporé, cliquez une fois dessus pour sélectionner l'objet graphique ou un de ses éléments. Pour le désactiver, cliquez dans une cellule en dehors du graphique.

⇨ Lorsqu'un graphique incorporé, créé à partir de données adjacentes, est sélectionné, des plages de cellules codées par des couleurs apparaissent : les séries sont entourées d'un rectangle vert, les catégories d'un rectangle violet et les points de données d'un rectangle bleu. Pour modifier la plage de données représentée, faites glisser la poignée du rectangle bleu de façon à insérer de nouvelles données ou à en supprimer.

B - Sélectionner et gérer les éléments d'un graphique

▷ Activez le graphique, pointez l'élément que vous souhaitez sélectionner et cliquez.

Lorsque vous pointez un élément, son nom et éventuellement sa valeur apparaissent dans une info-bulle.

Lorsqu'un élément est sélectionné, il est entouré de poignées de sélection.

▷ Pour sélectionner un point d'une série, cliquez sur la série puis sur le point à sélectionner.

▷ Pour déplacer un élément, pointez la sélection (le pointeur prend l'aspect d'une flèche à quatre têtes) et réalisez un cliqué-glissé dans la direction souhaitée.

▷ Pour dimensionner un élément, pointez l'une des poignées de sélection (le pointeur prend la forme d'une flèche à deux têtes) et réalisez un cliqué-glissé dans la direction souhaitée.

▷ Pour masquer l'élément sélectionné, appuyez sur la touche [Suppr].

⇨ Vous pouvez aussi activer l'onglet **Outils de graphique - Mise en forme**, ouvrir la liste **Éléments de graphique** du groupe **Sélection active**, et cliquer sur l'élément de graphique que vous souhaitez sélectionner.

⇨ Pour afficher un élément du graphique ou modifier son emplacement, dans l'onglet **Outils de graphique - Disposition**, cliquez sur le bouton désignant l'élément concerné et choisissez l'option correspondant à la position souhaitée : **Titre du graphique**, **Titres des axes**, **Légende**... ; pour masquer un élément, cliquez sur le bouton correspondant à l'élément et choisissez l'option **Aucun**.

C - Modifier le type du graphique

▷ Activez le graphique.

▷ Onglet **Outils de graphique - Création** - groupe **Type** - bouton **Modifier le type de graphique**

▷ Sélectionnez un type de graphique puis faites un double clic sur le sous-type de graphique souhaité.

D-Modifier les axes

Ces manipulations permettent de modifier la position des graduations, des étiquettes, l'intersection des axes, l'échelle du graphique...

▷ Cliquez avec le bouton droit de la souris sur l'axe concerné et sélectionnez l'option **Mise en forme de l'axe**.

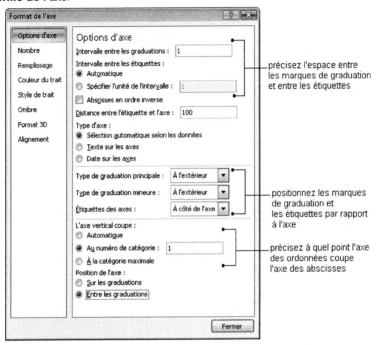

Axe horizontal

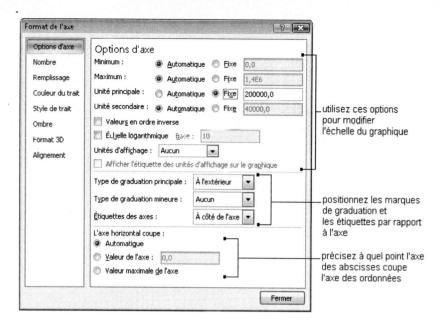

Axe vertical

⇨ Dans ce type de boîte de dialogue, les modifications sont immédiatement appliquées à l'élément du graphique. Pour annuler une modification, cliquez sur l'outil.

E- Appliquer un style rapide au graphique

Un style rapide est un ensemble prédéfini de couleurs, de remplissage et de contours pour les éléments du graphique.

▷ Onglet **Outils de graphique - Création** - groupe **Styles du graphique** - bouton **Styles rapides**
▷ Cliquez sur le style voulu.

F- Mettre en forme un élément du graphique

▷ Sélectionnez l'élément du graphique à mettre en forme.
▷ Dans l'onglet **Mise en forme**, cliquez sur le bouton **Mise en forme de la sélection** visible dans le groupe **Sélection active**.
⇨ La boîte de dialogue **Mise en forme** qui s'affiche à l'écran contient les options directement liées à l'élément sélectionné.

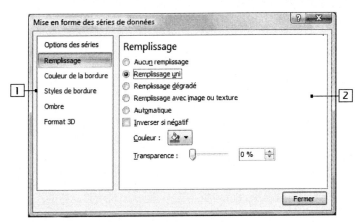

1 Sélectionnez la catégorie contenant les options à modifier.
2 Modifiez les options souhaitées.
▷ Lorsque la mise en forme de l'élément est terminée, cliquez sur le bouton **Fermer**.
⇨ Pour mettre en forme un élément du graphique, vous pouvez également utiliser les outils visibles dans le groupe **Styles de formes** de l'onglet **Mise en forme**.
⇨ Pour **Rétablir le style d'origine** de l'élément sélectionné, cliquez sur le bouton correspondant du groupe **Sélection active** (onglet **Mise en forme**).

G-Manipuler un graphique sectoriel

▷ Sélectionnez la série du graphique.
▷ Onglet **Outils de graphique - Mise en forme** - groupe **Sélection active** - bouton **Mise en forme de la sélection** - catégorie **Options des séries**

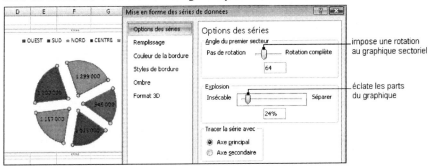

▷ Pour éclater une seule part, cliquez deux fois sur la part concernée pour la sélectionner puis déplacez-la par un cliqué-glissé.

H-Gérer les séries de données d'un graphique

▷ Activez le graphique.

▷ Onglet **Outils de graphique - Création** - groupe **Données** - bouton **Sélectionner des données**

▷ Pour ajouter une ou plusieurs séries de données, cliquez sur le bouton **Ajouter**.

Pour ajouter plusieurs séries en une seule fois, celles-ci doivent être dans des cellules adjacentes.

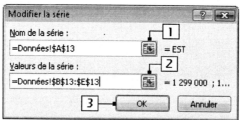

[1] Cliquez sur ce bouton pour sélectionner la ou les cellule(s) contenant les étiquettes de(s) série(s) à ajouter.

[2] Cliquez sur ce bouton pour sélectionner les cellules contenant les données numériques de(s) série(s) à ajouter.

[3] Cliquez sur **OK**.

▷ Fermez la boîte de dialogue **Sélectionner la source de données**.

⇨ Vous pouvez aussi faire glisser le rectangle bleu entourant les données de manière à insérer les cellules contenant les données de la nouvelle série.

⇨ Pour supprimer une série de données du graphique, vous pouvez aussi sélectionner la série dans la feuille de calcul et appuyer sur [Suppr].

⇨ Pour inverser les données d'un graphique, vous pouvez aussi cliquer sur le bouton **Intervertir les lignes/colonnes** du groupe **Données** (onglet **Outils de graphique - Création**).

2.11 Les filtres

A - Filtrer selon le contenu ou la mise en forme d'une cellule

▷ Cliquez avec le bouton droit de la souris sur une cellule contenant la valeur, la couleur, la couleur de police ou l'icône en fonction de laquelle les cellules doivent être filtrées.
▷ Pointez l'option **Filtrer** puis cliquez sur l'option correspondant au type de filtre voulu.

B - Créer et utiliser un filtre automatique

▷ Pour insérer des listes déroulantes de filtres automatiques dans une plage de cellules, activez l'une des cellules concernées puis :

onglet **Accueil** - groupe **Édition** - bouton **Trier et filtrer** - option **Filtrer**

Filtrer sur certaines valeurs de la colonne

▷ Ouvrez la liste déroulante associée à la colonne.

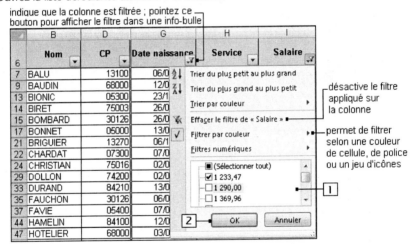

[1] Désactivez les cases à cocher correspondant aux valeurs à masquer.
[2] Cliquez sur **OK**.

▷ Pour filtrer les cellules non vides, activez l'option **(Sélectionner tout)** puis désactivez l'option **(Vides)** située en bas de la liste des valeurs ; au contraire, pour filtrer les cellules vides, désactivez l'option **(Sélectionner tout)** et activez l'option **(Vides)**. Cliquez sur **OK**.

⇒ Les filtres sont additifs, c'est-à-dire que chaque filtre supplémentaire est basé sur le filtre actif, ce qui réduit encore davantage le sous-ensemble de données.

Filtrer selon des critères personnalisés

Il s'agit de filtrer les données selon certaines valeurs contenues dans la colonne, en fonction du type de données de la colonne.

▷ Ouvrez la liste déroulante associée à la colonne.

Microsoft Office 2007

▷ Cliquez, selon le type de données de la colonne, sur l'option **Filtres numériques** (pour des données de type numérique), **Filtres chronologiques** (pour les données de type date) ou **Filtres textuels** (pour des données alphanumériques).

▷ Cliquez sur l'option correspondant au filtre à appliquer ou cliquez sur l'option **Filtre personnalisé**.

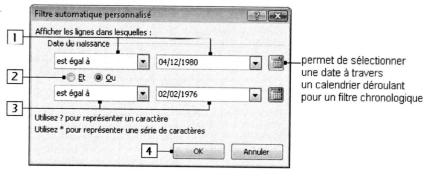

permet de sélectionner une date à travers un calendrier déroulant pour un filtre chronologique

[1] Déterminez l'opérateur de comparaison et la valeur correspondant au premier critère.

[2] Pour filtrer sur deux critères, choisissez **Et** si les deux critères doivent être vérifiés simultanément ; choisissez **Ou** si l'un ou l'autre des critères doit être vérifié.

[3] Précisez le second critère.

[4] Cliquez sur **OK**.

⇨ Pour poser plusieurs critères sur des colonnes différentes, définissez chaque critère dans chaque colonne concernée. Vous pouvez poser un critère de contenu et un critère de mise en forme sur des colonnes différentes.

Filtrer selon les valeurs maximales ou minimales

▷ Ouvrez la liste déroulante associée à la colonne et activez l'option **Filtres numériques** puis l'option **10 premiers**.

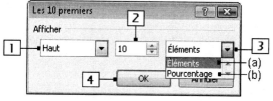

[1] Indiquez si vous souhaitez les valeurs maximales ou minimales.

[2] Précisez le nombre de lignes correspondant aux valeurs à afficher.

[3] Choisissez l'option (a) pour filtrer les lignes correspondant au critère ou l'option (b) pour filtrer un nombre de lignes correspondant au pourcentage du nombre total de valeurs de la liste.

[4] Cliquez sur **OK**.

⇨ Les options **Filtres numériques - Au-dessus de la moyenne** et **En dessous de la moyenne** permettent de filtrer les données selon la moyenne des valeurs de la plage de cellules.

Désactiver les filtres

▷ Pour désactiver le filtrage automatique, cliquez à nouveau sur le bouton **Trier et filtrer** puis sur l'option **Filtrer**.

▷ Pour désactiver tous les filtres, désactivez le filtrage automatique ou :
onglet **Accueil** - groupe **Édition** - bouton **Trier et filtrer** - option **Effacer**

2.12 Les tableaux croisés dynamiques

A- Créer un tableau croisé dynamique

Un tableau croisé dynamique permet d'analyser, d'explorer et de présenter des données de synthèse.

▷ Si la plage de cellules concernée contient des en-têtes de colonnes ou est organisée en tableau, cliquez dans l'une des cellules ; sinon, sélectionnez la plage de cellules à traiter dans le tableau croisé dynamique.

▷ Onglet **Insertion** - groupe **Tableaux** - bouton **Tableau croisé dynamique** - option **Tableau croisé dynamique**.

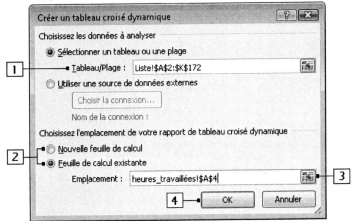

1 Vérifiez et modifiez, si nécessaire, la plage de données à analyser.

2 Indiquez l'emplacement du tableau croisé dynamique.

3 Si le tableau doit être placé sur une **Feuille de calcul existante**, cliquez sur ce bouton pour activer la première cellule destinatrice du rapport.

4 Cliquez sur le bouton **OK**.

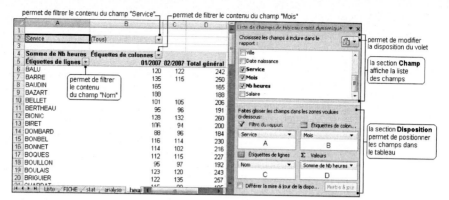

▷ Pour placer un champ dans le tableau, cliquez sur le nom du champ dans la section **Champ** et faites-le glisser vers la section **Disposition** dans la zone :

(A) pour filtrer le tableau en fonction du champ ajouté dans cette zone.

(B) pour afficher les champs sous forme de lignes, sur le côté du tableau. Une ligne de position inférieure est imbriquée dans la ligne affichée immédiatement au-dessus d'elle.

(C) pour afficher les champs sous forme de colonnes, en haut du tableau. Une colonne de position inférieure est imbriquée dans la colonne affichée immédiatement au-dessus d'elle.

(D) pour afficher les champs sous forme de synthèse numérique.

Vous pouvez aussi cliquer avec le bouton droit de la souris sur le nom du champ et sélectionner l'option correspondant à la zone de placement voulue.

⇨ Pour supprimer un champ du tableau croisé dynamique, désactivez sa case à cocher dans la section **Champ**.

⇨ Pour supprimer un tableau croisé dynamique, cliquez à l'intérieur du tableau puis : onglet **Outils de tableau croisé dynamique - Options** - groupe **Actions** - bouton **Effacer** - option **Effacer tout**.

⇨ Pour créer un graphique croisé dynamique à partir d'un tableau croisé dynamique existant, cliquez sur le tableau puis dans l'onglet **Insertion**, groupe **Graphiques**, cliquez sur le type de graphique que vous souhaitez créer. Vous pouvez aussi créer le graphique à partir des données en utilisant l'option **Graphique croisé dynamique** du bouton **Tableau croisé dynamique** (onglet **Insertion** - groupe **Tableaux**) et en suivant la même démarche que pour la création d'un tableau croisé dynamique.

B- Modifier un tableau croisé dynamique

▷ Pour réorganiser les champs d'un tableau croisé dynamique, cliquez sur le nom du champ concerné dans la section **Disposition** :

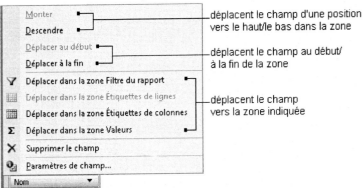

▷ Pour modifier le type de calcul réalisé sur un champ, cliquez sur le nom du champ concerné dans la zone **Valeurs** de la section **Disposition**, puis activez l'option **Paramètres des champs de valeurs**.

▷ Sélectionnez le calcul à réaliser puis cliquez sur **OK**.

⇨ Pour modifier la disposition d'un tableau croisé dynamique, utilisez l'onglet **Outils de tableau croisé dynamique - Création** - groupe **Disposition**. Pour modifier sa présentation, activez ou non les **Options de style de tableau croisé dynamique** ou appliquez un des **Styles de tableau croisé dynamique**.

⇨ Pour mettre à jour un tableau croisé dynamique, cliquez dans le tableau puis : onglet **Outils de tableau croisé dynamique - Options** - groupe **Données** - bouton **Actualiser**.

3.1 L'environnement

A - Lancer/quitter PowerPoint 2007

▷ Si vous travaillez sous Windows XP, cliquez sur le bouton **démarrer** visible dans la barre des tâches, pointez l'option **Tous les programmes** puis l'option **Microsoft Office** et cliquez sur **Microsoft Office PowerPoint 2007**.

Si vous travaillez sous Windows Vista, cliquez sur le bouton **démarrer** visible dans la barre des tâches, pointez l'option **Tous les programmes**, cliquez sur l'option **Microsoft Office** puis sur **Microsoft Office PowerPoint 2007**.

▷ Pour quitter PowerPoint 2007, cliquez sur le bouton **Microsoft Office** puis sur le bouton **Quitter PowerPoint** visible dans la partie inférieure droite du menu. Si une seule présentation est ouverte, vous pouvez également cliquer sur le bouton **Fermer** ⊠ ou [Alt][F4].

▷ Enregistrez, si besoin est, les modifications des présentations ouvertes.

⇨ *Si un raccourci a été installé sur votre bureau, un double clic dessus permet également de lancer PowerPoint.*

B - Découvrir l'environnement de travail

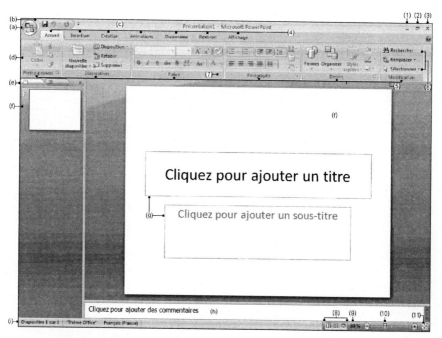

Le bouton **Microsoft Office** (a) ouvre un menu donnant accès aux fonctionnalités de base de l'application mais aussi aux fonctionnalités permettant de paramétrer l'application PowerPoint.

La barre d'outils **Accès rapide** (b) contient les outils les plus fréquemment utilisés.

La **barre de titre** (c) affiche le nom de la présentation suivi du nom de l'application ; les boutons **Réduire** (1), **Agrandir** ou **Niveau inférieur** (2) et **Fermer** (3) permettent de gérer la fenêtre de l'application.

Le **Ruban** (d) comporte la majorité des commandes, regroupées par tâches, chacune de ces tâches étant représentée par un **onglet** (4). Chaque onglet présente plusieurs **groupes de commandes** (5) dans lesquels vous visualisez des **boutons de commande** (6) permettant de réaliser la plupart des manipulations. Certains groupes présentent un **lanceur de boîte de dialogue** (7) permettant d'afficher une boîte de dialogue ou un volet Office donnant accès à des options supplémentaires.

La sélection de certains objets fait apparaître des onglets supplémentaires, appelés **onglets contextuels** qui s'affichent à droite des onglets standard.

En mode d'affichage Normal, vous visualisez par défaut trois volets redimensionnables :
- le **volet des onglets Plan et Diapositives** (e).
- le **Volet Diapositive** (f) qui affiche la diapositive active. Cette diapositive est composée d'**espaces réservés** (g) à la saisie de textes ou à l'insertion d'objets.
- le **Volet Commentaires** (h).

La **barre d'état** (i) affiche sur la gauche le numéro de la diapositive active, le nombre total de diapositives, le nom du thème et la langue utilisés. Pour ajouter ou supprimer des indicateurs, cliquez sur la barre d'état avec le bouton droit de la souris puis cliquez sur les options souhaitées pour les activer ou les désactiver.

Sur la droite, s'affichent les outils de mode d'affichage (8), le **Facteur de zoom** (9), le curseur de zoom (10) et l'outil **Ajuster la diapositive à la fenêtre active** (11).

C - Changer le mode d'affichage

▷ Le mode **Normal** : onglet **Affichage** - groupe **Affichages des présentations** - bouton **Normal** ou de la barre d'état.

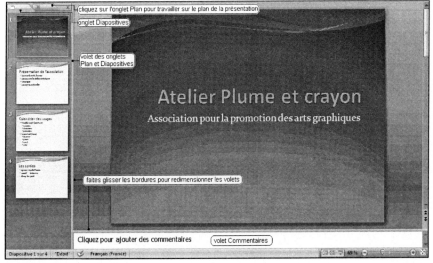

▷ Le mode Trieuse de diapositives : onglet **Affichage** - groupe **Affichages des présentations** - bouton **Trieuse de diapositives** ou ▦ de la barre d'état.
Ce mode affiche en miniature toutes les diapositives de la présentation.

▷ Le mode Page de commentaires : onglet **Affichage** - groupe **Affichages des présentations** - bouton **Page de commentaires**.

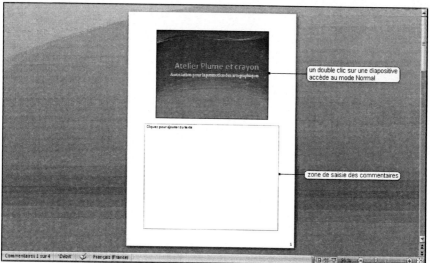

D-Afficher la grille/les règles

▷ Pour afficher la grille : onglet **Affichage** - groupe **Afficher/masquer** - option **Quadrillage** ou [⇧Shift] [F9].

▷ Pour modifier les caractéristiques de la grille, sélectionnez un objet puis : onglet **Outils de dessin** ou **Outils Image - Format** - outil **Aligner** ▭ - **Paramètres de la grille**.

▷ Dans la liste **Espacement**, sélectionnez la valeur des écarts entre les lignes de la grille (l'option **8 grilles par cm** correspond à 0,125 cm) et cliquez sur **OK**.

⇨ L'option **Afficher les repères de dessin à l'écran** de la boîte de dialogue **Grille et repères** affiche deux lignes, l'une horizontale et l'autre verticale qui apparaissent par défaut au centre de la diapositive.

▷ Pour afficher les règles : onglet **Affichage** - groupe **Afficher/masquer** - option **Règle**.

⇨ Si la règle verticale ne s'affiche pas, cliquez sur le bouton **Microsoft Office** puis sur le bouton **Options PowerPoint**. Dans la catégorie **Options avancées**, activez l'option **Afficher la règle verticale** de la zone **Afficher**.

3.2 Présentation et modèles

A- Créer une nouvelle présentation

Créer une présentation vierge

▷ Bouton 🔘 - **Nouveau**

La boîte de dialogue **Nouvelle présentation** apparaît à l'écran.

▷ Veillez à ce que la catégorie **Vierge et récent** de la zone **Modèles** soit bien sélectionnée puis faites un double clic sur le bouton **Nouvelle présentation** du volet central.

⇨ Le raccourci-clavier [Ctrl] **N** crée une nouvelle présentation vierge sans passer par l'intermédiaire de la boîte de dialogue **Nouvelle présentation**.

Créer une présentation à partir d'une présentation existante

▷ Bouton 🔘 - **Nouveau**
▷ Dans la liste **Modèles**, cliquez sur la catégorie **Créer à partir d'un document existant**.
▷ Accédez au dossier contenant la présentation à utiliser et faites un double clic sur son nom.

La fenêtre qui apparaît contient les diapositives et les données de la présentation choisie.

B- Créer une présentation basée sur un modèle/un thème

Il s'agit de créer une nouvelle présentation soit à partir d'un des modèles ou des thèmes prédéfinis et installés avec PowerPoint, soit à partir d'un modèle créé par vos soins, soit à partir d'un modèle téléchargé directement sur le site de Microsoft.

Un modèle est un document de "démarrage" contenant les personnalisations apportées au thème, au masque des diapositives et à la disposition d'une présentation terminée. Contrairement au thème (qui est un ensemble d'éléments de mises en forme qui inclut des couleurs, des polices et des effets graphiques), un modèle peut aussi contenir du texte ou des objets.

Créer une présentation basée sur un modèle prédéfini

▷ Bouton 🔘 - **Nouveau**
▷ Dans la liste **Modèles**, cliquez sur la catégorie **Modèles installés**.
▷ Dans la partie centrale de la boîte de dialogue, faites un double clic sur le modèle à utiliser.

Une nouvelle fenêtre de présentation (intitulée **Présentation** suivi d'un numéro) apparaît, contenant les diapositives et les données du modèle choisi.

⇨ Pour utiliser un modèle proposé sur le site Web Microsoft Office Online, dans la zone **Microsoft Office Online** de la fenêtre **Nouvelle présentation**, cliquez sur la catégorie correspondant au document que vous souhaitez créer. Sélectionnez un modèle et cliquez sur le bouton **Télécharger**.

Créer une présentation basée sur un thème prédéfini

▷ Bouton ![] - **Nouveau**
▷ Dans la liste **Modèles**, cliquez sur la catégorie **Thèmes installés**.
▷ Dans la partie centrale de la boîte de dialogue, faites un double clic sur le thème à utiliser.

• Une nouvelle fenêtre (intitulée **Présentation** suivi d'un numéro) apparaît ; elle contient une seule diapositive présentée avec les couleurs et les polices du thème choisi.

C - Créer une présentation basée sur un modèle personnalisé

▷ Bouton ![] - **Nouveau**
▷ Dans la liste **Modèles**, cliquez sur la catégorie **Mes modèles**.

La liste des modèles enregistrés par vos soins apparaît dans l'onglet **Mes modèles** de la boîte de dialogue **Nouvelle présentation**.

▷ Faites un double clic sur le modèle à utiliser.

Une nouvelle fenêtre de présentation (intitulée **Présentation** suivi d'un numéro) contenant les diapositives et les données du modèle choisi s'affiche.

⇨ Les modèles personnalisés sont stockés dans un dossier réservé aux modèles : *C:\Documents and Settings\nom_utilisateur\Application Data\Microsoft\Templates* (Windows XP), *C:\Utilisateurs\nom_utilisateur\AppData\Roaming\Microsoft\Templates* (Windows Vista).

⇨ La liste des **Modèles récemment utilisés** est visible dans la boîte de dialogue **Nouvelle présentation** (catégorie **Vierge et récent**). Pour créer un document basé sur un de ces modèles, il suffit de faire un double clic sur le nom de celui que vous souhaitez utiliser.

D - Créer un modèle

▷ Ouvrez ou élaborez la présentation modèle en y intégrant les éléments communs aux futures présentations qui seront créées à partir de ce modèle : masque des diapositives, thème, objets graphiques...

▷ Bouton - **Enregistrer sous**
▷ Dans la liste **Type de fichier**, sélectionnez l'option **Modèle PowerPoint (*.potx)**.
▷ Précisez le nom du modèle dans la zone de saisie **Nom de fichier**.
▷ Cliquez sur **Enregistrer**.

⇨ Les modèles sont enregistrés dans le dossier : *C:\Documents and Settings\nom utilisateur\Application Data\Microsoft\Templates* (Windows XP), *C:\Utilisateurs\nom_utilisateur\ AppData\Roaming\Microsoft\Templates* (Windows Vista).

⇨ Pour modifier un modèle personnalisé, ouvrez-le : procédez comme pour une présentation quelconque, en sélectionnant l'option **Modèles PowerPoint** dans la liste **Type de fichiers** de la boîte de dialogue **Ouvrir**.

3.3 Diapositives

A - Modifier l'orientation des diapositives

Vous pouvez être en mode Normal, Trieuse de diapositives ou Page de commentaires ou encore en mode Masque.

▷ Onglet **Création** - groupe **Mise en page** - bouton **Orientation**
▷ Choisissez l'orientation des diapositives dans la page : **Portrait** ou **Paysage**.

B - Modifier les dimensions des diapositives

Vous pouvez être en mode Normal, Trieuse de diapositives ou Page de commentaires ou encore en mode Masque.

▷ Onglet **Création** - groupe **Mise en page** - bouton **Mise en page**

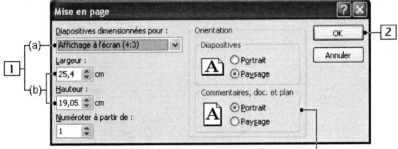

permet de modifier l'orientation des pages à l'impression.

[1] Choisissez un des formats proposés dans la liste (a) ou précisez les valeurs souhaitées (b).
[2] Cliquez sur **OK**.

C - Faire défiler les diapositives

Ces manipulations concernent les modes d'affichage Normal et Page de commentaires.
▷ Utilisez les touches suivantes :

[Pg Up]/[Pg Dn]   diapositive précédente/suivante
[◄]/[Fin]   première/dernière diapositive

▷ Utilisez les boutons ▲ et ▼ de la fenêtre ou faites défiler le curseur dans la barre de défilement vertical. En mode Normal, vous pouvez aussi cliquer sur la miniature de la diapositive (onglet **Diapositives**).

D - Sélectionner des diapositives

L'onglet **Diapositives** du mode **Normal** ou le mode **Trieuse de diapositives** doivent être actifs.

▷ Pour sélectionner des diapositives adjacentes, cliquez sur la première diapositive ou miniature de diapositives, appuyez et maintenez la touche ⇧Shift enfoncée puis cliquez sur la dernière miniature ou diapositive de la sélection.

▷ Pour sélectionner des diapositives non-adjacentes, cliquez sur une des miniatures ou une des diapositives à prendre en compte dans votre sélection, appuyez et maintenez la touche Ctrl enfoncée. Cliquez sur les autres diapositives à sélectionner.
Si vous avez sélectionné une diapositive par erreur, retirez-la de la sélection en refaisant un Ctrl clic sur la diapositive.

▷ Pour sélectionner toutes les diapositives de la présentation, cliquez dans l'onglet **Diapositives** si vous êtes en mode Normal puis : onglet **Accueil** - groupe **Modification** - bouton **Sélectionner** - **Sélectionner tout** ou Ctrl **A**.

E- Créer une diapositive

▷ Activez la diapositive après laquelle vous souhaitez créer la nouvelle diapositive ou, pour créer une diapositive en début de présentation, cliquez au-dessus de la première diapositive dans l'onglet **Diapositives** du mode Normal (une barre horizontale clignote, symbolisant le point d'insertion).

▷ Activez l'onglet **Accueil**.

▷ Pour insérer une diapositive ayant la même disposition que la diapositive active, cliquez sur la partie supérieure du bouton **Nouvelle diapositive** du groupe **Diapositives** ou Ctrl **M**.

Pour insérer une diapositive en choisissant sa disposition, cliquez sur la partie inférieure du bouton **Nouvelle diapositive** du groupe **Diapositives** puis cliquez sur la disposition souhaitée pour la nouvelle diapositive.

La présentation des dispositions varie en fonction du thème appliqué à la présentation.

⇨ Lorsque le point d'insertion se trouve dans l'espace réservé le plus à droite et/ou le plus bas de la diapositive, le raccourci-clavier Ctrl Entrée permet de créer une nouvelle diapositive ayant la même disposition que la diapositive active.

F- Supprimer une ou plusieurs diapositives

▷ Sélectionnez la ou les diapositives à supprimer.
▷ Onglet **Accueil** - groupe **Diapositives** - bouton **Supprimer** (Suppr)

G-Copier/déplacer des diapositives

▷ Activez le mode Normal ou le mode Trieuse de diapositives.
▷ Sélectionnez la ou les diapositives à déplacer ou à copier.
▷ S'il s'agit de déplacer, faites un cliqué-glissé vers la nouvelle position. S'il s'agit de copier, maintenez la touche Ctrl enfoncée et faites un cliqué-glissé vers la nouvelle position.

⇨ Vous pouvez aussi utiliser le Presse-papiers.

⇨ Pour dupliquer des diapositives, sélectionnez-les, cliquez sur la partie inférieure du bouton **Coller** du groupe **Presse-papiers** de l'onglet **Accueil** et choisissez l'option **Dupliquer**.

H-Numéroter des diapositives

Cette technique permet, en mode Normal, de faire apparaître la numérotation automatique en bas à droite de chaque diapositive.

▷ Sélectionnez éventuellement les diapositives concernées par la numérotation.
▷ onglet **Insertion** - groupe **Texte** - bouton **Numéro de diapositive**
▷ Activez l'option **Numéro de diapositive**.
▷ Cliquez sur **Appliquer partout** pour numéroter toutes les diapositives ou sur **Appliquer** pour numéroter les diapositives sélectionnées.

⇨ Pour modifier le numéro de la première diapositive : onglet **Création** - groupe **Mise en page** - bouton **Mise en page** ; entrez le numéro de départ pour la première diapositive numérotée dans la zone **Numéroter à partir de**.

⇨ Pour gérer la position et l'aspect des numéros, modifiez l'espace réservé correspondant dans le masque des diapositives.

I- Modifier la disposition appliquée aux diapositives

Une disposition contient les informations sur l'emplacement des espaces réservés dans les diapositives. C'est un composant du masque des diapositives (cf. 3.4 - Le mode Masque).

▷ En mode Normal ou Trieuse de diapositives, sélectionnez les diapositives concernées.
▷ Onglet **Accueil** - groupe **Diapositives** - bouton **Disposition**

Lorsque la présentation comporte plusieurs thèmes (ou masques des diapositives), les dispositions correspondantes sont regroupées par thème ou par masque des diapositives dans la galerie des dispositions.

▷ Cliquez sur la disposition à appliquer.

PowerPoint adapte automatiquement le contenu des diapositives à la disposition choisie.

3.4 Le mode Masque

A-Activer le mode Masque

Le mode Masque permet de travailler sur la trame des diapositives et/ou des pages. PowerPoint 2007 propose l'accès à trois modes Masque différents : le mode Masque des diapositives, le mode Masque du document et le mode Masque des pages de commentaires.

▷ Pour basculer en mode Masque : onglet **Affichage** - groupe **Affichage des présentations** - bouton **Masque des diapositives** ou **Masque du document** ou **Masque des pages de commentaires**.

Un nouvel onglet, portant le nom du masque actif, s'affiche. La barre d'état indique également le nom du masque.

⇨ Pour accéder au mode Masque des diapositives, vous pouvez aussi cliquer sur l'outil
▥ de la barre d'état en maintenant la touche ⇧Shift enfoncée ; de même, pour
accéder au mode Masque du document, cliquez sur l'outil ▦ en maintenant la
touche ⇧Shift enfoncée.

B- Utiliser le mode Masque des diapositives

Le mode Masque des diapositives permet de modifier la trame des diapositives.

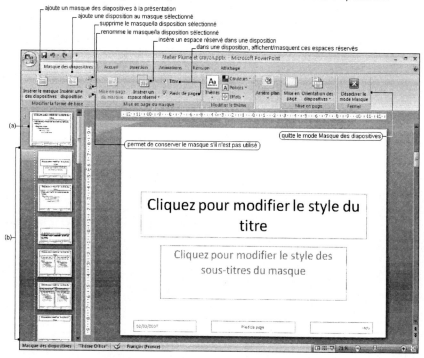

Le **masque des diapositives** (a) est une diapositive particulière qui stocke des informations sur le modèle de conception appliqué (thème, styles de police, taille et position des espaces réservés...). Il englobe un certain nombre de **dispositions** (b) qui elles-mêmes possèdent les informations sur l'emplacement des espaces réservés dans les diapositives. Lorsque vous pointez la miniature d'un masque des diapositives ou une disposition, vous visualisez leur nom et le numéro des diapositives sur lesquelles le masque ou la disposition est appliqué.

Gérer les masques des diapositives/les dispositions

▷ Pour sélectionner un masque des diapositives ou une disposition, cliquez sur sa miniature.

▷ Pour modifier un masque des diapositives ou une disposition, sélectionnez l'élément et réalisez les modifications souhaitées (modifiez les espaces réservés, la présentation du texte, le thème, l'arrière-plan...).

▷ Pour copier ou déplacer un masque des diapositives ou une disposition, utilisez la technique du cliqué-glissé pour les déplacements ou les outils ✂, 📋 et 📄 de l'onglet **Accueil**.

▷ Pour dupliquer un masque des diapositives ou une disposition, cliquez avec le bouton droit de la souris sur sa miniature et activez, suivant le cas, l'option **Masque des diapositives en double** ou l'option **Dupliquer une disposition**.

▷ Pour appliquer un masque des diapositives, sélectionnez les diapositives concernées puis : onglet **Accueil** - groupe **Diapositives** - bouton **Disposition** - clic sur la disposition correspondant au masque souhaité.

Gérer les espaces réservés

▷ Sélectionnez la miniature de la disposition ou du masque des diapositives concerné.

▷ Pour sélectionner un espace réservé, pointez les pointillés qui l'entourent et cliquez lorsque la souris apparaît sous la forme d'une flèche à quatre têtes ; vous pouvez aussi cliquer à l'intérieur et faire [Echap].

▷ Pour modifier la mise en forme d'un espace réservé, sélectionnez-le et utilisez les commandes de l'onglet **Outils de dessin - Format**.

▷ Pour déplacer un espace réservé, sélectionnez-le et réalisez un cliqué-glissé vers la position souhaitée.

▷ Pour dimensionner un espace réservé, sélectionnez-le et réalisez un cliqué-glissé de l'une de ses poignées.

▷ Pour supprimer un espace réservé, sélectionnez-le et faites [Suppr].

▷ Pour retrouver un espace réservé supprimé sur un masque des diapositives, sélectionnez le masque concerné puis cliquez sur le bouton **Mise en page du masque** du groupe du même nom. Cochez la case de l'élément à réafficher puis cliquez sur **OK**.

C- Modifier le Masque du document

Le Masque du document correspond à la trame de fond qui sert à la mise en page pour l'impression en mode Document (plusieurs diapositives par page) et en mode Plan.

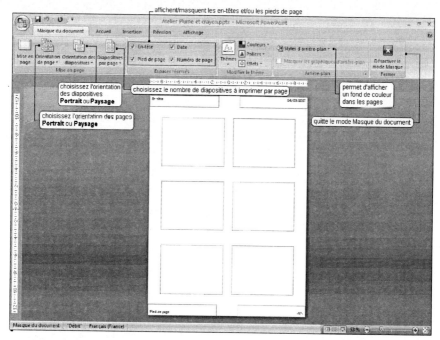

Par défaut, la date du jour apparaît en haut, à droite et le numéro des pages en bas et à droite de chaque page.

▷ Pour modifier un espace réservé à un en-tête et/ou à un pied de page, cliquez dessus, modifiez le texte ou modifiez sa mise en forme grâce aux commandes des onglets **Outils de dessin - Format** et **Accueil**.

D - Modifier le Masque des pages de commentaires

Le Masque des pages de commentaires est la trame de fond qui sert à la mise en page pour impression des pages de commentaires d'une présentation (une diapositive et ses commentaires sur une seule page).

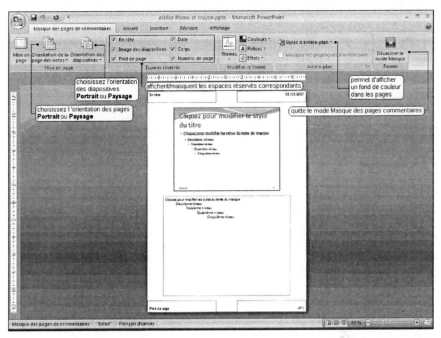

▷ Pour modifier la mise en forme d'un espace réservé, cliquez dessus et réalisez vos modifications grâce aux commandes des onglets **Outils de dessin - Format** et **Accueil**.

3.5 Thèmes et arrière-plan

Un **thème** est un ensemble d'éléments de mises en forme qui inclut des couleurs (pour le texte, l'arrière-plan, les liens hypertextes), des polices (une police de titre et une police de corps de texte) et des effets graphiques (jeux de lignes et de remplissage) qui donnent un aspect cohérent à votre présentation.

Un **arrière-plan**, ou style d'arrière-plan, est une variante du remplissage de fond provenant de combinaisons des couleurs du thème et des intensités de l'arrière-plan de ce thème. Si les couleurs du thème sont modifiées, les styles d'arrière-plan sont mis à jour pour refléter les nouvelles couleurs du thème.

A- Appliquer un thème

▷ Si seules quelques diapositives sont concernées, sélectionnez-les.

▷ Onglet **Création** - groupe **Thèmes** - bouton **Autres**

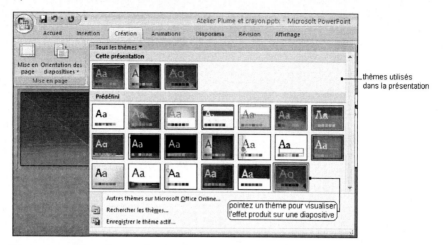

▷ Si vous avez effectué une sélection de diapositives au préalable, cliquez directement sur le thème à appliquer ; sinon, cliquez avec le bouton DROIT de la souris sur le thème :

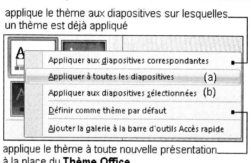

▷ Choisissez d'appliquer le thème à toutes les diapositives (a) ou aux diapositives sélectionnées (b).

⇨ Pour appliquer un thème en mode Masque des diapositives, sélectionnez le masque des diapositives concerné (ou l'une de ses dispositions) et cliquez sur le bouton **Thèmes** du groupe **Modifier le thème**. Cliquez sur le thème à appliquer ou, si la présentation contient plusieurs masques de diapositives, cliquez avec le bouton DROIT de la souris sur le thème et choisissez **Appliquer au masque des diapositives sélectionné**.

B- Appliquer un style d'arrière-plan

▷ Si seules quelques diapositives sont concernées, sélectionnez-les.
▷ Onglet **Création** - groupe **Arrière-plan** - bouton **Styles d'arrière-plan**

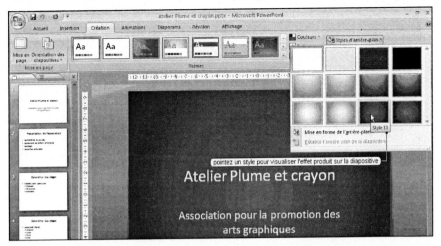

▷ Cliquez directement sur l'arrière-plan à appliquer ou cliquez avec le bouton DROIT de la souris sur l'arrière-plan voulu :

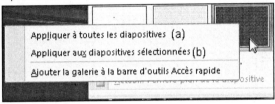

▷ Choisissez d'appliquer l'arrière-plan à toutes les diapositives (a) ou aux diapositives sélectionnées (b).

⇨ Pour appliquer un arrière-plan en mode Masque des diapositives, sélectionnez la ou les dispositions ou le masque des diapositives concernés, cliquez sur le bouton **Arrière-plan** puis sur l'option **Styles d'arrière-plan**. Cliquez sur l'arrière-plan à appliquer ou, si la présentation contient plusieurs masques de diapositives, cliquez avec le bouton DROIT de la souris sur l'arrière-plan et choisissez **Appliquer au masque des diapositives** ou **Appliquer à tous les masques des diapositives**.

⇨ Pour retrouver l'arrière-plan d'origine (associé au thème), appliquez à nouveau le thème.

⇨ Vous pouvez masquer les éléments graphiques liés au thème ou au modèle qui apparaissent en arrière-plan des diapositives. Pour cela, sélectionnez les diapositives concernées puis : onglet **Création** - groupe **Arrière-plan** - option **Masquer les graphiques d'arrière-plan**. En mode Masque des diapositives, cliquez sur le bouton **Arrière-plan** pour retrouver cette option.

Microsoft Office 2007

3.6 Le texte

A- Saisir du texte dans une diapositive

Saisir un titre/un sous-titre/un texte sans puce

▷ Cliquez dans l'espace réservé au titre ou au sous-titre ou à un texte sans puce qui affiche le texte **Cliquez pour ajouter un titre** ou **Cliquez pour ajouter un sous-titre** ou **Cliquez pour ajouter du texte**.

▷ Saisissez le texte et validez la saisie en cliquant hors de l'espace réservé ou par [Echap].

Saisir un texte à puces

▷ Cliquez dans l'espace réservé au texte à puces qui affiche le texte **Cliquez pour ajouter du texte** ou, si le point d'insertion se trouve dans un espace réservé plus haut ou plus à gauche, faites [Ctrl][Entrée].

L'espace réservé devient un cadre hachuré dans lequel le point d'insertion apparaît précédé d'une puce.

▷ Saisissez vos idées sans vous préoccuper des fins de lignes, et faites :

[Entrée] pour créer un nouveau point.

[⇧ Shift][Entrée] pour passer à la ligne sans changer de point.

▷ Hiérarchisez vos listes selon les principes suivants : placez le point d'insertion en début de ligne puis faites [⇥] pour descendre au niveau suivant ou [⇧ Shift][⇥] pour remonter au niveau précédent.

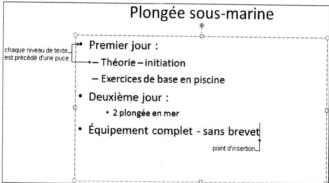

⇨ Vous pouvez descendre jusqu'à neuf niveaux de points au sein d'un même espace réservé.

⇨ Pour utiliser des taquets de tabulation en début de ligne, faites [Ctrl][⇥].

B- Saisir une page de commentaires

▷ En mode Normal, cliquez dans le Volet Commentaires dans lequel apparaît le texte **Cliquez pour ajouter des commentaires** ou passez en mode Page de commentaires.

▷ Si vous êtes en mode Page de commentaires, modifiez le zoom d'affichage et cliquez dans l'espace réservé où apparaît **Cliquez pour ajouter du texte**.

▷ Saisissez les commentaires "au kilomètre" sans vous occuper des fins de lignes. Pour utiliser une tabulation en début de ligne, appuyez sur la touche ⇥. Tapez ⏎ pour créer un nouveau paragraphe.

C- Créer et renseigner des diapositives par l'onglet Plan

Saisir du texte dans l'onglet Plan

▷ En mode Normal, cliquez sur l'onglet ⬚ du volet des onglets Plan et Diapositives.
▷ Cliquez sur la ligne correspondant à la première diapositive à compléter.
▷ Saisissez le titre puis passez à la saisie du contenu du sous-titre, du texte ou du texte à puces par Ctrl Entrée.
▷ Saisissez le contenu et faites :
  - Entrée pour créer un nouveau point (ou paragraphe) ;
  - ⇧Shift Entrée pour passer à la ligne sans changer de point ;
  - Ctrl ⇥ pour insérer un caractère de tabulation en début de point.
▷ Hiérarchisez les listes selon le principe suivant : placez le point d'insertion en début de point et appuyez sur ⇥ pour descendre un point au niveau suivant ou ⇧Shift ⇥ pour remonter un point au niveau précédent.
▷ Pour créer une diapositive, appuyez sur Entrée à partir d'une ligne de titre ou sur Ctrl Entrée à partir d'une ligne de tout autre type de texte.

Déplacer des paragraphes dans le plan

▷ Pour sélectionner un paragraphe, pointez l'icône qui précède sa ligne et cliquez.

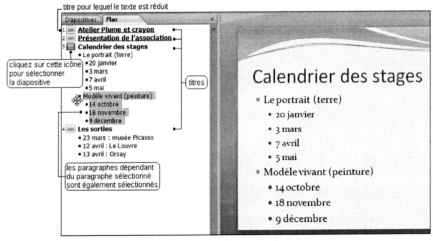

▷ Pour déplacer un paragraphe et ses subordonnés, pointez son icône et réalisez un cliqué-glissé vers le bas ou vers le haut ; pour déplacer un paragraphe et non ses subordonnés, cliquez à l'intérieur de ce paragraphe puis utilisez Alt ⇧Shift ↑ pour le monter ou Alt ⇧Shift ↓ pour le descendre.

▷ Pour réduire le texte sous un titre, cliquez avec le bouton droit de la souris dans un des paragraphes liés au titre puis activez l'option **Réduire** ou Alt ⇧Shift J.

▷ Pour développer le texte sous un titre, cliquez avec le bouton droit de la souris dans le titre puis activez l'option **Développer** ou Alt ⇧Shift **K**.

3.7 La présentation du texte

A- Modifier le contour/le remplissage des caractères

Modifier le contour des caractères
▷ Onglet **Outils de dessin - Format** - groupe **Styles WordArt** - outil

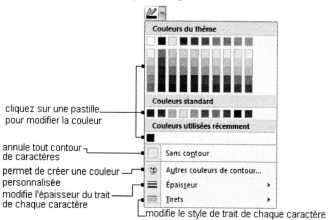

cliquez sur une pastille pour modifier la couleur

annule tout contour de caractères

permet de créer une couleur personnalisée

modifie l'épaisseur du trait de chaque caractère

modifie le style de trait de chaque caractère

Remplir les caractères d'un texte avec une image/un dégradé/une texture
▷ Onglet **Outils de dessin - Format** - groupe **Styles WordArt** - outil

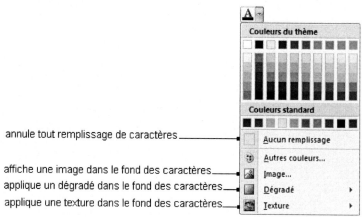

annule tout remplissage de caractères

affiche une image dans le fond des caractères
applique un dégradé dans le fond des caractères
applique une texture dans le fond des caractères

▷ Cliquez sur l'option voulue puis, suivant le cas, sélectionnez l'image dans la boîte de dialogue qui s'affiche, le dégradé ou la texture dans la liste associée à l'option.

B - Appliquer un effet spécial sur des caractères

Il s'agit d'appliquer un effet visuel sur les caractères, tel une ombre, une réflexion, une lumière, un effet 3D, une rotation 3D ou encore un effet de déformation.

▷ Onglet **Outils de dessin - Format** - groupe **Styles WordArt** - outil

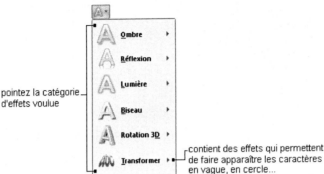

▷ Cliquez sur l'effet attendu.

⇨ Le bouton **Styles rapides** du groupe **Styles WordArt** permet d'appliquer un effet WordArt sur les caractères.

C - Gérer les puces des paragraphes

▷ Pour masquer ou afficher les puces : onglet **Accueil** - groupe **Paragraphe** - clic sur l'outil.

▷ Pour modifier la puce des paragraphes, ouvrez la liste associée à l'outil.

▷ Cliquez sur une des puces proposées dans la liste ou sur l'option **Puces et numéros** pour choisir une autre puce ou pour la personnaliser.

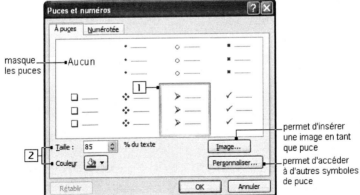

1 Cliquez sur le symbole attendu.

2 Si nécessaire, changez la **Couleur** et la **Taille** en **% du texte**.

Microsoft Office 2007

⇨ Vous pouvez remplacer les puces par des numéros : ouvrez la liste associée à l'outil ▦▾ du groupe **Paragraphe** et cliquez sur le type de numérotation voulu ou sur l'option **Puces et numéros** si vous souhaitez personnaliser les numéros (taille, couleur, numéro de départ). Un clic sur l'outil ▦ permet de masquer les numéros existants.

D - Modifier l'alignement horizontal des paragraphes

▷ Utilisez les outils du groupe **Paragraphe** de l'onglet **Accueil** pour activer l'alignement voulu.

▷ Utilisez les raccourcis suivants :

aligné à gauche   [Ctrl] [⇧ Shift] **G**
centré   [Ctrl] **E**
aligné à droite   [Ctrl] [⇧ Shift] **D**
justifié   [Ctrl] **J**

⇨ Les alignements sont également accessibles dans la boîte de dialogue **Paragraphe** (onglet **Accueil** - groupe **Paragraphe** - bouton ▣).

E - Modifier l'interligne/l'espacement entre paragraphes

▷ Onglet **Accueil** - groupe **Paragraphe** - outil ▦▾
▷ Pour modifier l'interligne, cliquez sur une des valeurs proposées ou sur l'option **Options d'interligne** pour personnaliser la valeur de l'interligne.
▷ Pour modifier l'espacement entre les paragraphes, cliquez sur **Options d'interligne**.
▷ Modifiez les valeurs selon vos besoins : l'espace **Avant** ou l'espace **Après** chaque paragraphe et/ou la valeur de l'**Interligne**.
▷ Cliquez sur **OK**.

F - Modifier les retraits de paragraphe

▷ Affichez la règle de format : onglet **Affichage** - groupe **Afficher/masquer** - option **Règle**.
▷ Faites glisser le long de la règle la marque du retrait à modifier.

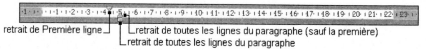

retrait de Première ligne ⏌   ⌐ retrait de toutes les lignes du paragraphe (sauf la première)
                                ⌐ retrait de toutes les lignes du paragraphe

⇨ Vous pouvez aussi définir le retrait dans la boîte de dialogue **Paragraphe** (onglet **Accueil** - groupe **Paragraphe** - bouton ▣).

3.8 Les diaporamas

Le diaporama est la projection de la présentation à l'écran. Par défaut, vous réalisez une projection libre en plein écran : le présentateur a le contrôle complet du déroulement du diaporama.

A - Lancer un diaporama

▷ Ouvrez la présentation à projeter et activez, si besoin, la première diapositive à projeter.
▷ Activez l'onglet **Diaporama**.

Vous pouvez aussi utiliser les raccourcis-clavier [F5] (à partir du début) et [Shift][F5] (à partir de la diapositive actuelle).

▷ Si le défilement des diapositives n'est pas automatique, faites-les défiler manuellement (cf. titre suivant).
▷ Pour suspendre un diaporama en cours de projection, appuyez sur [Echap] ou sur la touche - (moins) ou [Ctrl][Pause].
▷ Pour suspendre ou reprendre un diaporama minuté, donc avec défilement automatique, appuyez sur la touche **A** ou **+**.
▷ Pour arrêter le diaporama à la fin de la projection (sur la diapositive noire qui apparaît), cliquez.
▷ Pour blanchir une diapositive, appuyez sur la touche **B** ou **,** (virgule) ; pour noircir une diapositive, tapez **N** ou **.** (point).
⇨ Pour exclure certaines diapositives du diaporama, sélectionnez-les puis : onglet **Diaporama** - groupe **Configuration** - bouton **Masquer la diapositive**. Pour afficher les diapositives masquées, cliquez à nouveau sur ce bouton après les avoir sélectionnées.

B - Faire défiler les diapositives

▷ Pour accéder à la diapositive suivante, cliquez ou utilisez les touches **S**, [Espace], [→], [↓] ou [Pg Dn].
▷ Pour revenir à la diapositive précédente, cliquez ou utilisez les touches **P**, [←], [↑] ou [Pg Up].
▷ Pour revenir sur la première diapositive, faites [↖] ; pour atteindre la dernière, faites [Fin].
▷ Pour atteindre une diapositive dont vous connaissez le numéro, saisissez ce numéro puis validez par [Entrée].
▷ Pour atteindre une diapositive dont vous connaissez le titre ; cliquez sur ▣ de la barre d'outils spécifique au diaporama, faites glisser la souris jusqu'à **Aller à** puis cliquez sur la diapositive à atteindre.
⇨ Pour ouvrir ce menu, vous pouvez aussi faire [Shift][F10] ou cliquer avec le bouton droit de la souris.

C - Définir le minutage du diaporama

Il s'agit de faire défiler automatiquement les diapositives.

Déterminer le minutage manuellement

▷ Sélectionnez les diapositives dont vous souhaitez définir le minutage.

▷ Activez l'onglet **Animations**

▷ Activez la case à cocher **Automatiquement après** puis entrez le nombre de secondes pendant lesquelles vous souhaitez que les diapositives restent affichées.

▷ Pour appliquer le minutage à toutes les diapositives, cliquez sur le bouton **Appliquer partout**.

Enregistrer le minutage pendant la répétition du diaporama

▷ Onglet **Diaporama** - groupe **Configuration** - bouton **Vérification du minutage**

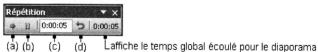

(a) (b) (c) (d)   affiche le temps global écoulé pour le diaporama

▷ Cliquez sur :

(a) pour passer à la diapositive suivante lorsque vous estimez le temps écoulé suffisant.

(b) pour arrêter momentanément la minuterie ; appuyez sur ce même bouton pour la relancer.

(c) pour saisir directement le temps d'affichage de la diapositive active.

(d) pour remettre à zéro le temps écoulé pour la diapositive. Le minutage redémarre automatiquement après.

▷ Pour arrêter la vérification du minutage avant que le diaporama ne se termine, faites [Echap] ou fermez la barre d'outils **Répétition**.

▷ À la fin de la projection, cliquez sur **Oui** pour accepter le nouveau minutage.

⇨ *Attention, pour faire défiler les diapositives automatiquement après les avoir minutées (quelle que soit la technique utilisée), vérifiez que l'option **Utiliser la vérification du minutage** du groupe **Configuration** de l'onglet **Diaporama** est active.*

⇨ *Si vous avez enregistré le minutage des diapositives, mais souhaitez exécuter la présentation sans le minutage, ouvrez la boîte de dialogue **Paramètres du diaporama** (onglet **Diaporama** - groupe **Configuration** - bouton **Configurer le diaporama**) puis dans le cadre **Défilement des diapositives**, activez l'option **Manuel**. Pour obtenir de nouveau le minutage, activez **Utiliser le minutage existant**.*

D - Appliquer un effet de transition aux diapositives

L'effet de transition est la façon dont une diapositive apparaît à l'écran lors du diaporama.

▷ Sélectionnez éventuellement les diapositives sur lesquelles vous souhaitez appliquer un même effet de transition visuel.

▷ Onglet **Animations** - groupe **Accès à cette diapositive** - bouton

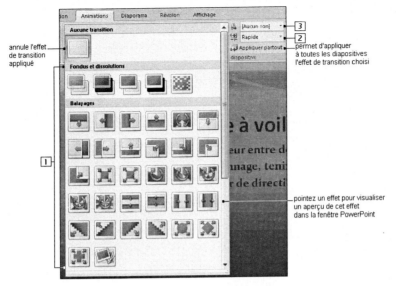

1. Choisissez l'effet de transition voulu.
2. Choisissez la vitesse de la transition : **Lente**, **Moyenne** ou **Rapide**.
3. Associez éventuellement un effet sonore à la transition. Ouvrez à nouveau cette liste si le son doit être répété jusqu'au prochain son de transition et activez l'option **En boucle jusqu'au son suivant**.

⇨ Dans la liste **Son de transition**, l'option **[Aucun son]** permet d'annuler un effet sonore appliqué à une transition ; l'option **[Arrêter le son précédent]** permet d'interrompre le son lorsque l'option **En boucle jusqu'au son suivant** est active.

⇨ Lorsqu'un effet de transition est appliqué aux diapositives, l'icône apparaît sous chaque miniature en mode Normal et en mode Trieuse de diapositives.

⇨ Le bouton **Aperçu** du groupe **Aperçu** de l'onglet **Animations** permet de tester les effets de transition pour la diapositive active.

3.9 Les animations

A - Appliquer un effet d'animation simple

▷ Sélectionnez l'objet, l'espace réservé, le diagramme ou le graphique concerné par l'application d'un effet. Si le même effet doit se produire simultanément sur plusieurs objets ou espaces réservés, sélectionnez-les tous.
▷ Onglet **Animations** - groupe **Animations** - liste **Animer**
▷ Choisissez le type d'effet voulu : **Estomper**, **Balayer** ou **Entrée brusque** puis, en fonction du type de l'élément sélectionné, choisissez éventuellement la façon dont l'effet doit s'appliquer.

B - Appliquer un effet d'animation personnalisé

▷ Sélectionnez l'objet concerné. Si vous souhaitez appliquer un même effet d'animation qui se produira en même temps sur plusieurs objets, sélectionnez les objets concernés.

▷ Affichez le volet Office **Personnaliser l'animation** : onglet **Animations** - groupe **Animations** - bouton **Animation personnalisée**

1 Cliquez sur ce bouton et choisissez une des options suivantes :
(a) pour que l'objet soit inséré avec un effet d'animation.
(b) pour que l'objet, une fois apparu dans la diapositive, présente un effet d'animation.
(c) pour que l'objet disparaisse avec un effet d'animation.
(d) pour que l'objet, lorsqu'il est visible, décrive une trajectoire dans la diapositive.

2 Choisissez l'effet voulu.

Si l'option **Aperçu automatique** visible dans le bas du volet Office est active, PowerPoint fait une démonstration de l'effet choisi.

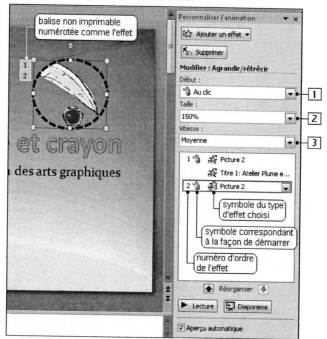

104   Word, Excel et PowerPoint 2007

[1] Modifiez éventuellement le déclenchement de l'animation.

[2] Modifiez les paramètres de l'effet.

[3] Choisissez une vitesse.

⇨ Lorsqu'une diapositive contient des objets animés, l'icône ⭐ s'affiche à côté ou sous la miniature de la diapositive contenant l'objet.

⇨ Quand vous créez un effet d'animation pour un espace réservé contenant plusieurs niveaux de paragraphes, PowerPoint applique l'effet à chaque niveau de paragraphe. Les effets d'animation apparaissent dans le volet Office **Personnaliser l'animation** sous la forme d'une liste comprimée qui contient elle-même un effet pour chaque niveau de paragraphe.

⇨ En mode Normal avec le volet Office **Personnaliser l'animation** ouvert, un effet de type **Trajectoires** apparaît dans la diapositive sous la forme de pointillés : une flèche verte marque le début du trajet, une flèche rouge marque sa direction et son point final.

⇨ Un objet son est automatiquement associé à un effet d'animation. En plus des effets d'animation classiques, vous pouvez aussi lui appliquer des **Actions de son : Lecture, Suspendre** ou **Arrêter**.

⇨ Vous pouvez appliquer plusieurs effets différents sur un même objet : un effet d'ouverture, d'emphase... ou plusieurs effets d'ouverture (l'objet apparaîtra plusieurs fois avec un effet différent à chaque fois).

C - Gérer les effets d'animation

▷ Affichez, si besoin est, le volet Office **Personnaliser l'animation**.

▷ Pour sélectionner un effet d'animation, cliquez sur son nom dans le volet Office, ou cliquez sur le numéro correspondant à l'effet dans la diapositive.

Lorsque vous pointez l'effet d'animation, une info-bulle vous indique la façon dont va être déclenché l'effet, son nom et le nom de l'objet animé correspondant.

Lorsque vous sélectionnez un objet animé dans la diapositive, vous sélectionnez de ce fait tous les effets d'animation qui lui sont attribués.

▷ Pour remplacer un effet d'animation par un autre, sélectionnez l'effet, cliquez sur le bouton ⭐ Modifier ▼ et choisissez un autre effet.

▷ Pour supprimer tous les effets liés à un objet, sélectionnez l'objet animé concerné. Pour supprimer un seul effet, sélectionnez l'effet et non pas l'objet ; cliquez sur le bouton ✕ Supprimer ou ouvrez le menu de l'effet et choisissez **Supprimer**.

⇨ Lorsque vous supprimez un effet d'animation, les autres sont automatiquement renumérotés.

D - Modifier le déclenchement d'un effet d'animation

▷ Affichez si besoin le volet Office **Personnaliser l'animation** et sélectionnez l'effet d'animation concerné.

▷ Pour automatiser le déclenchement, ouvrez la liste **Début**.

Microsoft Office 2007

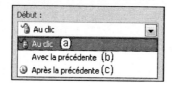

▷ Choisissez :
- (a) pour déclencher l'effet d'animation par un clic sur l'objet animé lui-même.
- (b) pour démarrer automatiquement l'animation de l'objet en même temps que l'animation précédente.
- (c) pour démarrer automatiquement l'animation de l'objet juste après la fin de l'animation précédente.

▷ Pour déclencher l'animation en cliquant sur un autre objet, ouvrez le menu de l'effet d'animation concerné et cliquez sur l'option **Minutage**, cliquez sur le bouton **Déclencheurs**, activez l'option **Démarrer l'effet lors du clic sur** puis choisissez l'objet de la diapositive sur lequel il faudra cliquer pour déclencher l'animation.

E - Minuter un effet d'animation

▷ Affichez, si besoin est, le volet Office **Personnaliser l'animation**.
▷ Sélectionnez l'effet d'animation concerné, ouvrez son menu déroulant et activez l'option **Afficher la chronologie avancée**.

▷ Pour modifier la position de départ de l'animation par rapport à l'animation précédente, pointez le milieu de la balise. Réalisez alors un cliqué-glissé jusqu'à la position souhaitée.
▷ Pour modifier la durée de l'animation, pointez le côté droit de la balise. Réalisez un cliqué-glissé pour accroître ou diminuer la durée de l'effet.
▷ Pour masquer les balises de chronologie, ouvrez le menu déroulant de l'effet et activez l'option **Masquer la chronologie avancée**.

⇨ Pour modifier la durée de l'effet, vous pouvez aussi sélectionner une des options de la liste **Vitesse** du volet Office **Personnaliser l'animation**.

⇨ Pour minuter un effet d'animation, vous pouvez aussi utiliser l'option **Minutage** du menu de l'effet et préciser le Délai et la Vitesse de l'animation dans l'onglet **Minutage**.

3.10 Impression

A - Modifier l'orientation des pages à l'impression

Il s'agit de modifier l'orientation des pages lorsque vous imprimerez plusieurs diapositives par page, les pages de commentaire ou le plan de la présentation.

▷ Onglet **Création** - groupe **Mise en page** - bouton **Mise en page**
▷ Choisissez l'orientation des **Diapositives** dans la zone correspondante.
▷ Choisissez l'orientation des pages de commentaires, du document et du plan dans la zone **Commentaires, doc. et plan**.
▷ Cliquez sur **OK**.
⇨ Vous pouvez aussi cliquer sur le bouton **Orientation** de l'aperçu avant impression après avoir choisi la mise en page de l'impression.

B - Utiliser l'aperçu avant impression

▷ Bouton ![] - **Imprimer** - **Aperçu avant impression** ou Ctrl F2.

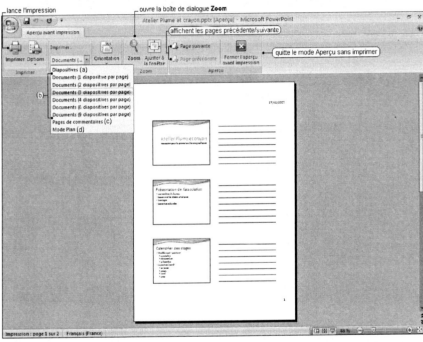

▷ Pour choisir la façon de visualiser et d'imprimer les diapositives, ouvrez la liste **Imprimer** du groupe **Mise en page** et choisissez :
  (a) pour visualiser et imprimer chaque diapositive sur une page de façon à ce qu'elle occupe un maximum de place dans la page.
  (b) pour visualiser et imprimer 1, 2, 3, 4, 6 ou 9 diapositives sur une seule page.
  (c) pour visualiser et imprimer la diapositive suivie de ses commentaires sur une page.
  (d) pour visualiser et imprimer le plan de la présentation.
▷ Pour définir les options d'impression, cliquez sur le bouton **Options** du groupe **Imprimer**.

Microsoft Office 2007

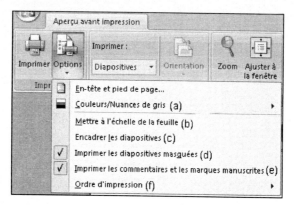

▷ Sélectionnez l'option :

(a) pour afficher et imprimer la présentation en **Couleur**, en **Nuances de gris** ou en **Noir et blanc intégral**.
(b) pour agrandir au maximum l'impression pour chaque page.
(c) pour imprimer une bordure autour de chaque diapositive (option active par défaut pour les impressions de type 1 à 9 diapositives par page).
(d) pour imprimer, s'il y en a, les diapositives qui ont été masquées.
(e) pour imprimer, s'il y en a, les commentaires créés dans la présentation (les commentaires sont regroupés sur une ou plusieurs pages supplémentaires).
(f) pour choisir d'imprimer les diapositives côte à côte (**Horizontal**) ou les unes sous les autres (**Verticale**), lorsque vous avez choisi d'imprimer 4, 6 ou 9 diapositives par page.

C- Imprimer une présentation

▷ Sélectionnez les diapositives à imprimer ou, si toutes les diapositives sont concernées, ne vous préoccupez pas de la sélection.

▷ Bouton - **Imprimer** ou Ctrl P

Vous pouvez aussi, à partir de l'aperçu, cliquer sur le bouton **Imprimer**.

▷ Précisez quelles sont les diapositives à imprimer : **Toutes**, **Diapositive en cours**, **Sélection** ou **Diapositives** (pour imprimer les diapositives précisées dans la zone de saisie : saisissez les numéros des diapositives séparés par un point-virgule si elles ne se suivent pas ou par un tiret dans le cas contraire).

▷ Précisez le **Nombre de copies** devant être imprimées ; dans l'hypothèse de copies multiples, si nécessaire, activez le choix **Copies assemblées** pour que PowerPoint imprime un exemplaire complet avant d'imprimer l'exemplaire suivant.

▷ Choisissez ce que vous souhaitez imprimer : **Diapositives, Documents** (pour imprimer plusieurs diapositives par page), **Pages de commentaires** ou **Mode Plan**. Si vous avez sélectionné **Documents**, précisez le nombre de diapositives que vous souhaitez disposer sur une page.

▷ Précisez si vous souhaitez imprimer en **Couleur**, en **Nuances de gris** ou en **Noir et blanc intégral** dans la liste **Couleur/nuances de gris**.

▭▻ L'option **Impression rapide** (bouton - **Imprimer**) lance directement l'impression de la présentation, sans transiter par la boîte de dialogue.

3.11 Pages Web

A - Enregistrer une présentation sous forme de page Web

Cette manipulation est intéressante dans le cas où vous disposez de PowerPoint sur un ordinateur mais que vous ne pouvez pas publier à partir de ce poste.

▷ Ouvrez ou créez la présentation à transformer en page Web.
▷ Bouton - **Enregistrer sous - Autres formats**

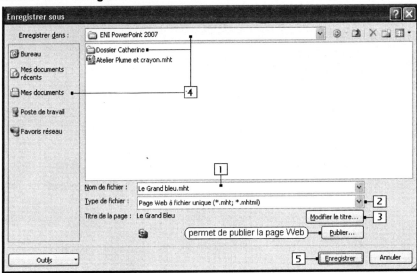

1 Si besoin est, modifiez le nom de la présentation.

2 Choisissez **Page Web à fichier unique** pour enregistrer la présentation dans un seul fichier intégrant toutes les informations de la présentation, y compris les images et autres fichiers, ou bien **Page Web** pour enregistrer la page Web et créer un dossier associé contenant les fichiers de support (images, fichiers audio, styles...). Ce dossier est créé dans le même dossier de classement que la page Web.

3 Modifiez éventuellement le titre de la page puis cliquez sur **OK** (ce titre sera affiché dans la barre de titre du navigateur).

4 Sélectionnez le dossier dans lequel vous souhaitez enregistrer la page Web.

5 Enregistrez la page Web.

▭▻ Pour visualiser une page Web dans un navigateur, accédez à celui-ci et précisez l'adresse complète de la page à afficher dans sa barre **Adresse** ou accédez à l'Explorateur Windows puis au dossier d'enregistrement de la page et faites un double clic sur son nom.

B- Publier une présentation sur le Web

Cette technique permet de faire une copie de la présentation au format HTML et de la rendre disponible à d'autres utilisateurs par l'intermédiaire d'un serveur Web.

▷ Ouvrez la présentation que vous souhaitez publier.

▷ Bouton - **Enregistrer sous - Autres formats**
▷ Modifiez si besoin, le nom de la présentation dans la zone **Nom de fichier**.
▷ Dans la liste **Type de fichier**, choisissez **Page Web** ou **Page Web à fichier unique** (cf. titre précédent).
▷ Changez éventuellement le **Nom du fichier**.
▷ Cliquez sur le bouton **Publier**.

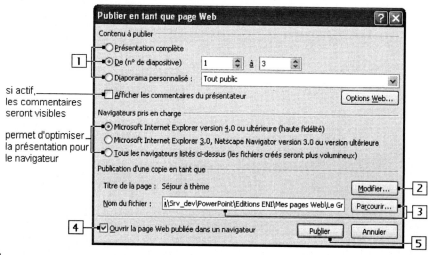

1 Choisissez de publier tout ou une partie de la présentation ou encore un diaporama personnalisé.

2 Modifiez, si besoin, le texte qui apparaîtra sur la barre de titre du navigateur.

3 Sélectionnez un serveur Web ou un autre ordinateur pour publier la page Web.

4 Activez cette option pour visualiser la page dès sa publication.

5 Lancez la publication.

⇨ Une copie de votre présentation est maintenant disponible sur le serveur Web précisé : tous les internautes peuvent la visualiser.

⇨ Pour mettre à jour une présentation Web après sa publication, ouvrez le fichier source dans PowerPoint (et non la copie publiée sur le serveur Web), modifiez-le et publiez à nouveau la présentation.

4.1 L'environnement

A - Utiliser/gérer le ruban

Le ruban regroupe la majorité des commandes de l'application et remplace les menus et les barres d'outils des versions précédentes des applications Office.

▷ Pour afficher le contenu d'un onglet, cliquez sur l'onglet correspondant.

Le fond de l'onglet actif apparaît d'une couleur bleue plus claire que celle des autres onglets. Chaque onglet est divisé en plusieurs groupes.

▷ Pour afficher le texte descriptif d'une commande dans une info-bulle, pointez le bouton de cette commande. Pour faire disparaître l'info-bulle, déplacez la souris en dehors du ruban.

▷ Pour réduire le ruban, faites un double clic sur un onglet ou [Ctrl][F1] ; vous pouvez aussi cliquer sur le bouton ▾ visible à droite de la barre d'outils **Accès rapide** puis sur l'option **Réduire le ruban**.

▷ Pour afficher de nouveau le ruban en permanence, faites un double clic sur un onglet (ou [Ctrl][F1]).

▷ Pour afficher la boîte de dialogue ou le volet Office associé à un groupe, cliquez sur le bouton ▫ du groupe de commandes concerné.

▷ Pour activer une commande à l'aide du clavier, appuyez sur la touche [Alt] afin d'afficher les raccourcis des onglets puis appuyez sur la touche correspondant à l'onglet à activer.

Un raccourci est associé à chaque commande de l'onglet actif.

▷ Utilisez ensuite le raccourci associé à la commande souhaitée.

⇨ Selon la résolution de votre écran, les options du ruban peuvent être présentées différemment (affichage de boutons de commande supplémentaire et des libellés de boutons).

B - Annuler les manipulations

▷ Pour annuler la dernière manipulation, cliquez sur le bouton ⤺ visible dans la barre d'outils **Accès rapide** ou [Ctrl] **Z**.

▷ Pour annuler les dernières manipulations, ouvrez la liste ⤺▾ puis cliquez sur la dernière des actions à annuler.

⇨ Si l'annulation est pire que l'erreur, utilisez ⤻ pour refaire ce qui a été annulé.

⇨ Pour répéter la dernière manipulation, sélectionnez, si besoin est, les éléments concernés par la répétition puis faites [Ctrl] **Y** ou [F4].

C - Modifier le zoom d'affichage

▷ ▦ Utilisez les commandes de l'onglet **Affichage**, groupe **Zoom**.

Microsoft Office 2007

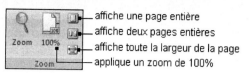
- affiche une page entière
- affiche deux pages entières
- affiche toute la largeur de la page
- applique un zoom de 100%

▷ Pour spécifier une autre valeur de zoom, cliquez sur le bouton **Zoom**.
▷ Sélectionnez une des valeurs proposées ou saisissez la valeur de zoom souhaitée puis cliquez sur **OK**.

⊕▷ Faites glisser le curseur **Zoom** visible à droite dans la barre d'état ou cliquez autant de fois que nécessaire sur le bouton **Zoom arrière** ⊖ ou **Zoom avant** ⊕.

D - Rechercher de l'aide sur les fonctionnalités de l'application

Rechercher de l'aide à partir de mots clés

Si votre connexion Internet est active, la recherche se fait à partir du site Microsoft Office Online, vous bénéficiez alors d'une aide plus complète et mise à jour.

▷ Cliquez sur le bouton visible dans la partie supérieure droite de la fenêtre ou `F1`.
La fenêtre d'aide s'affiche à l'écran.
▷ Saisissez le ou les mots clés dans la zone de saisie visible à gauche du bouton **Rechercher** puis cliquez sur celui-ci.
▷ Si les rubriques trouvées sont réparties dans plusieurs pages, utilisez les boutons ⇐ et ⇒ afin d'afficher la page contenant la rubrique pour laquelle vous souhaitez de l'aide.
▷ Cliquez sur le lien correspondant à la rubrique d'aide à afficher.

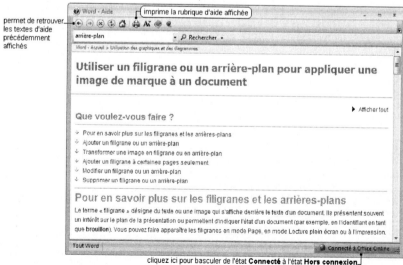

▷ Si la rubrique contient plusieurs titres, cliquez sur le lien correspondant au titre qui vous intéresse.
▷ Après avoir consulté le texte de l'aide, fermez la fenêtre en cliquant sur le bouton.

⇨ Si d'autres rubriques sont liées à la rubrique active, vous trouverez les liens correspondants dans l'encadré **Voir aussi** visible en bas de la page.

Rechercher de l'aide à partir de la Table des matières de l'aide

▷ Cliquez sur le bouton 👋 visible dans la partie supérieure droite de la fenêtre ou F1.

▷ Cliquez sur le bouton **Afficher la table des matières** 📖 visible dans la barre d'outils.

▷ Si votre connexion Internet est désactivée, il se peut que vous deviez cliquer sur le lien **Non connecté. Cliquez ici pour afficher un contenu...** visible en haut de la fenêtre afin de pouvoir accéder aux différentes catégories d'aide.

▷ Développez l'arborescence de la catégorie d'information souhaitée en cliquant sur le bouton 📖 puis cliquez sur le symbole 👋 pour afficher la rubrique d'aide souhaitée.

▷ Utilisez la fenêtre d'aide comme lors d'une recherche à partir de mots clés (cf. sous-titre précédent).

▷ Après avoir pris connaissance du texte, cliquez sur ▬X▬ pour fermer la fenêtre d'aide.

4.2 Les fichiers

A - Ouvrir un fichier

▷ Bouton 📄 - **Ouvrir** ou Ctrl O

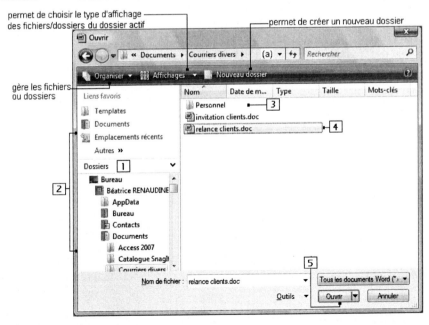

Microsoft Office 2007   113

[1] Si besoin, cliquez pour afficher la liste des **Dossiers**.

[2] Pour sélectionner le dossier contenant le fichier à ouvrir, cliquez sur un des **Liens favoris** ou sélectionnez un des **Dossiers** ; vous pouvez aussi utiliser la liste visible dans la partie supérieure de la boîte de dialogue (a).

[3] Si besoin, faites un double clic sur le dossier contenant le fichier à ouvrir.

[4] Sélectionnez le fichier à ouvrir.

[5] Cliquez sur ce bouton pour ouvrir normalement le fichier. Pour ouvrir une copie du fichier ou l'ouvrir en lecture seule, cliquez sur la flèche associée au bouton puis sélectionnez l'option correspondante.

▷ Pour ouvrir rapidement un des derniers fichiers utilisés, cliquez sur le bouton puis sur le nom fichier à ouvrir visible dans la liste **Documents récents**.

Vous pouvez aussi faire un double clic sur l'icône du fichier.

Si le fichier ouvert est au format 97-2003, le texte **[Mode de compatibilité]** est visible à droite du nom du fichier dans la barre de titre.

⇨ En utilisant ⇧Shift ou Ctrl, vous pouvez ouvrir plusieurs documents simultanément.

B - Enregistrer un fichier

▷ Bouton - **Enregistrer** ou barre d'outils **Accès rapide** ou Ctrl S

▷ Accédez à l'unité souhaitée puis ouvrez le dossier de classement du fichier par un double clic sur l'icône du dossier.

▷ Saisissez le nom du document (jusqu'à 255 caractères, espaces compris) dans la zone **Nom de fichier**.

▷ Si vous souhaitez enregistrer le document au format des versions 97 à 2003, sélectionnez le format de fichier correspondant (exemple pour Word : **Document Word 97-2003 (*.doc)** dans la liste **Type**.

▷ Cliquez sur le bouton **Enregistrer**.

▷ Pour enregistrer les modifications du fichier actif, utilisez :

Bouton - **Enregistrer** ou barre d'outils **Accès rapide** ou Ctrl S

⇨ L'option **Enregistrer sous** du bouton permet de dupliquer le document actif sous un autre nom.

C - Fermer un fichier

▷ Bouton - **Fermer** ou clic sur X de la fenêtre de l'application ou Ctrl F4

▷ Enregistrez, si besoin est, les dernières modifications apportées au document.

⇨ Si seul un document est ouvert, le fait de cliquer sur le bouton X ferme le document mais aussi l'application Word.

D-Envoyer un fichier en pièce jointe

Le destinataire du message devra avoir l'application qui a permis la création du fichier installé sur son ordinateur pour pouvoir lire et/ou modifier le document.

▷ Ouvrez le fichier à envoyer ou créez-le.

Si vous souhaitez que le destinataire puisse ouvrir le fichier dans une version antérieure à la version 2007, vous devez enregistrer le fichier au format **Word 97-2003**.

▷ Bouton - **Envoyer - Courrier électronique**

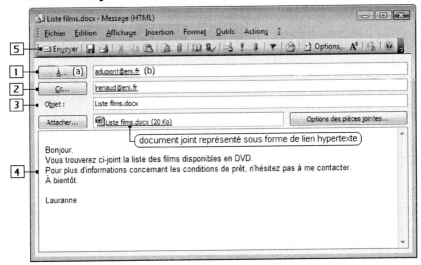

Cet écran peut être différent selon le logiciel de messagerie utilisé et l'aspect de la pièce jointe dépend du format de message (texte enrichi, brut ou HTML).

1 Tapez la ou les adresses du ou des destinataires principaux (b) en séparant leur nom par des points-virgules ou sélectionnez les adresses dans un carnet d'adresses (a).

2 De la même façon, indiquez, si besoin est, les adresses des destinataires de la copie du message.

3 Modifiez, si vous le souhaitez, le sujet du message qui correspond par défaut au nom du document.

4 Tapez le texte global du message.

5 Envoyez le message.

Le destinataire devra ouvrir le message puis faire un double clic sur l'icône (ou le lien) de la pièce jointe ; l'ouverture du fichier lance l'application Word.

4.3 Le texte

A- Déplacer le point d'insertion dans le texte

▷ Lorsque le point d'insertion est positionné dans un texte, une cellule ou une diapositive, utilisez les touches de déplacement suivantes :

Caractère suivant/précédent   [→]/[←]
Début du mot suivant/précédent   [Ctrl][→]/[Ctrl][←]
Fin/début de la ligne   [Fin]/[↖]
Début du paragraphe suivant/précédent   [Ctrl][↓]/[Ctrl][↑]

B- Supprimer du texte

▷ Pour supprimer le caractère précédent ou suivant, utilisez la touche [←] ou [Suppr].

▷ Pour supprimer le mot ou le début du mot, faites [Ctrl][←] et pour supprimer le mot ou la fin du mot, faites [Ctrl][Suppr].

▷ Pour détruire un groupe de caractères, sélectionnez-les puis appuyez sur la touche [Suppr].

C- Mettre en valeur les caractères

▷ Sélectionnez le texte s'il est déjà saisi.

▷ Cliquez sur le ou les outils suivants de l'onglet **Accueil** en fonction de la mise en valeur à appliquer ou à annuler : **G Gras**, *I Italique*, **S** Souligné.

▷ Pour désactiver une mise en valeur, cliquez de nouveau sur l'outil.

▷ Pour modifier la police et/ou la taille des caractères, utilisez les listes **Police** et/ou **Taille de police** visible dans l'onglet **Police**.

▷ Pour modifier la couleur des caractères, ouvrez la liste associée à l'outil puis cliquez sur la couleur souhaitée.

⇨ La couleur sélectionnée apparaît sur le bouton : pour l'appliquer à un autre texte, il suffit de cliquer sur l'outil, sans ouvrir la liste.

▷ Sélectionnez le texte s'il est déjà saisi.

▷ Pour activer ou désactiver la mise en valeur, utilisez les raccourcis suivants :

[Ctrl] G   **Gras**
[Ctrl] I   *Italique*
[Ctrl] U   Souligné

▷ Sélectionnez les caractères concernés.

▷ Dans l'onglet **Accueil**, cliquez sur le bouton visible dans le groupe **Police**.

▷ Sélectionnez les différentes mises en valeur (**Police**, **Style**, **Taille**...) puis cliquez sur **OK**.

D-Utiliser la mini barre d'outils

▷ Sélectionnez le texte à mettre en forme en veillant à ce que le pointeur reste positionné sur ou à proximité de la sélection.
  La mini barre d'outils s'affiche automatiquement, elle apparaît estompée.
▷ Pour utiliser un des outils de la mini barre d'outils, pointez-la puis cliquez sur l'outil correspondant à la mise en forme à effectuer.

La mini barre disparaît automatiquement lorsque le pointeur n'est plus positionné à proximité de la sélection.
▷ Si vous souhaitez utiliser la mini barre d'outils et que celle-ci n'est plus visible, affichez-la en faisant un clic droit sur la sélection.
⇨ Si vous ne souhaitez pas **Afficher la mini barre d'outils lors de la sélection** d'un texte, décochez l'option correspondante de la boîte de dialogue **Options "nom de l'application"** (bouton) - bouton **Options "nom de l'application"** - catégorie **Standard**).

E- Copier des mises en forme

▷ Sélectionnez les éléments (textes, cellules) qui possèdent la mise en valeur à copier.
  Pour copier une mise en forme de paragraphe, cliquez dans le paragraphe mis en forme ou sélectionnez-le (y compris ¶) ; pour copier une mise en forme de caractères, sélectionnez le texte mis en forme.
▷ Onglet **Accueil** - groupe **Presse-papiers** - bouton
▷ Faites glisser le pointeur sur les éléments auxquels vous souhaitez appliquer les mises en valeur.
⇨ Pour recopier plusieurs fois les mises en forme, faites un double clic sur . Il suffit alors de faire [Echap] pour désactiver l'outil.

F- Déplacer/copier une partie de texte

Par l'intermédiaire du Presse-papiers

▷ Sélectionnez le texte ; utilisez [Ctrl] pour sélectionner plusieurs blocs de texte.
▷ Pour déplacer :
  Onglet **Accueil** - groupe **Presse-papiers** - bouton **Couper** ou [Ctrl] **X**
  Pour copier :
  Onglet **Accueil** - groupe **Presse-papiers** - bouton **Copier** ou [Ctrl] **C**
▷ Positionnez le point d'insertion.
▷ Onglet **Accueil** - groupe **Presse-papiers** - bouton **Coller** - option **Coller** ou [Ctrl] **V**

▷ Si besoin est, spécifiez le format de la sélection que vous venez de coller : pointez le bouton 🗐, ouvrez la liste associée puis cliquez sur une des options proposées.

⇨ Si le volet Office **Presse-papiers** est affiché, vous pouvez aussi cliquer sur un de ses éléments pour l'insérer dans le document.

Sans utiliser le Presse-papiers

▷ Sélectionnez le bloc de texte, les cellules ou les diapositives.

▷ Tapez [F2] pour déplacer ou [⇧ Shift][F2] pour copier.

▷ Faites glisser la sélection pour la déplacer ; maintenez la touche [Ctrl] enfoncée durant le cliqué-glissé pour la copier.

4.4 Les objets graphiques

A- Tracer une forme

▷ Onglet **Insertion** - groupe **Illustrations** - bouton **Formes**

▷ Cliquez sur l'outil correspondant à la forme à dessiner.

▷ Tracez la forme par une des techniques suivantes :

- cliquez pour dessiner la forme avec des dimensions prédéfinies,
- faites un cliqué-glissé seul,
- effectuez un cliqué-glissé en maintenant la touche [⇧ Shift] enfoncée pour tracer un cercle, un carré ou un arc de cercle parfait ainsi qu'un trait parfaitement horizontal, vertical ou en diagonale.
- réalisez un cliqué-glissé en maintenant la touche [Ctrl] enfoncée pour dessiner la forme à partir de son centre.
- dans Excel, réalisez un cliqué-glissé en maintenant la touche [Alt] enfoncée pour aligner la forme sur le quadrillage de cellules.

⇨ Pour ajouter du texte à une forme déjà tracée, cliquez dessus pour la sélectionner puis saisissez le texte voulu. Dans Word, faites un clic droit sur la forme puis cliquez sur **Ajouter du texte**.

⇨ Pour mettre en valeur les caractères saisis dans un objet graphique, utilisez la mini barre d'outils ou les outils du groupe **Police** (onglet **Accueil**).

⇨ Pour dessiner plusieurs formes identiques à la suite, cliquez sur le bouton **Formes** (onglet **Insertion**), ouvrez le menu contextuel de la forme concernée puis activez l'option **Mode Verrouillage du dessin**. Réalisez ensuite les différents tracés puis appuyez sur la touche [Echap].

B- Créer une zone de texte

Une zone de texte permet de positionner un texte n'importe où dans la page, la feuille de calcul ou la diapositive.

▷ Dans Excel et PowerPoint, cliquez sur l'onglet **Insertion** puis sur le bouton **Zone de texte** du groupe **Texte**.

Dans Word, cliquez sur l'onglet **Insertion**, sur le bouton **Zone de texte** du groupe **Texte** puis sur l'option **Dessiner une zone de texte**.

▷ Cliquez à l'endroit où vous souhaitez créer la zone de texte ou réalisez un cliqué-glissé pour tracer la zone de saisie du texte.

▷ Saisissez alors votre texte comme un paragraphe ordinaire puis cliquez en dehors de la zone de texte pour mettre fin à la saisie.

Dans Word, si vous tapez des textes trop longs par rapport à la zone de texte, vous ne les visualisez pas en entier.

⇨ Dans Word, vous pouvez insérer une zone de texte prédéfinie : onglet **Insertion** - groupe **Texte** - bouton **Zone de texte** puis cliquez sur la vignette correspondant au texte à insérer dans le document. Cliquez ensuite sur le texte prédéfini visible dans la zone de texte et saisissez le nouveau texte.

C - Créer un objet WordArt

Il s'agit d'insérer un texte avec des effets typographiques particuliers :

▷ Positionnez le point d'insertion à l'endroit où l'objet WordArt doit s'insérer.
▷ Onglet **Insertion** - groupe **Texte** - bouton **WordArt**
▷ Cliquez sur l'effet désiré.
▷ Dans Word, saisissez votre texte dans la boîte de dialogue **Modification du texte WordArt** qui s'affiche en utilisant la touche [Entrée] pour changer de ligne. Utilisez éventuellement les outils disponibles dans la boîte de dialogue pour modifier la présentation du texte puis cliquez sur **OK**.

Dans Excel et PowerPoint, saisissez votre texte dans la zone qui s'affiche dans la feuille de calcul ou la diapositive en utilisant [Entrée] pour changer de ligne.

⇨ *Pour modifier un objet WordArt, cliquez dessus puis utilisez les commandes de l'onglet* **Format**.

D - Insérer un diagramme

▷ Positionnez le point d'insertion à l'endroit où vous souhaitez insérer le diagramme.
▷ Onglet **Insertion** - groupe **Illustrations** - bouton **SmartArt**
▷ Sélectionnez un type de diagramme puis la disposition souhaitée et cliquez sur **OK**.

Le diagramme apparaît et l'onglet contextuel **Création** *est sélectionné dans le ruban.*

▷ Saisissez le texte dans les différentes formes du diagramme à l'aide du volet **Texte**.
▷ Pour ajouter une forme au diagramme, sélectionnez la forme à laquelle doit s'ajouter la nouvelle. Dans l'onglet **Création**, ouvrez la liste associée au bouton **Ajouter une forme** puis cliquez sur une des options proposées en fonction du niveau à appliquer à la nouvelle forme.

▷ Pour supprimer une forme d'un diagramme, cliquez sur la forme (en dehors du texte) pour la sélectionner puis utilisez la touche [Suppr].

Microsoft Office 2007

⇨ Pour modifier la présentation ou la structure de votre diagramme, utilisez l'onglet **Création**. Pour modifier la présentation des formes, des zones de texte et/ou des correcteurs (style, contour, remplissage...), utilisez les commandes de l'onglet **Format**.

⇨ Pour supprimer un diagramme, cliquez dessus pour l'activer, cliquez ensuite sur le contour puis appuyez sur Suppr.

E- Insérer une image, un son ou une vidéo

▷ Affichez le volet Office **Images clipart** : onglet **Insertion** - groupe **Illustrations** - bouton **Images clipart**.

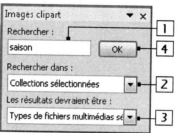

1 Saisissez un ou plusieurs mots clés correspondant à l'élément recherché.

2 Limitez, si besoin est, l'amplitude de la recherche en cochant ou décochant les catégories proposées. La catégorie **Collections Office** (et ses sous-catégories) contient les éléments (images, sons et vidéos) installés avec Office. La catégorie **Collections Web** contient ceux recherchés sur le Web, plus précisément sur le site Microsoft (vous devez avoir une connexion Internet active).

3 Limitez, si nécessaire, le type d'éléments recherché (**Images de la bibliothèque**, **Photographies**, **Films** ou **Sons**) en cochant ou décochant les types d'éléments proposés.

4 Lancez la recherche.

Si vous souhaitez interrompre la recherche en cours, cliquez sur le bouton **Arrêter** (qui prend la place du bouton **OK**).

Le résultat de la recherche apparaît dans le volet Office.

▷ Cliquez alors sur l'élément à insérer.

F- Sélectionner des objets

▷ Pointez l'objet à sélectionner et lorsque le pointeur apparaît sous la forme d'une quadruple flèche, cliquez.

▷ Pour sélectionner plusieurs objets, cliquez sur chaque objet en maintenant la touche ⇧Shift enfoncée ou cliquez sur le bouton **Sélectionner** ou **Rechercher et sélectionner** dans Excel (onglet **Accueil**) et sur l'option **Sélectionner les objets** puis réalisez un cliqué-glissé autour des objets à sélectionner.

G-Supprimer des objets

▷ Sélectionnez le ou les objets à supprimer et faites [Suppr].

H-Dimensionner/déplacer les objets

▷ Pour dimensionner un ou plusieurs objets, sélectionnez-les puis faites glisser une des poignées de la sélection.

▷ Pour déplacer un ou plusieurs objets, sélectionnez-les et pointez un des objets sélectionnés puis, lorsque le pointeur prend la forme de quatre flèches, cliquez puis faites glisser le groupe d'objets vers sa nouvelle position.

⇨ *Pour dimensionner précisément un objet, faites un double clic dessus afin d'ouvrir la boîte de dialogue* **Format de la forme automatique** *et précisez ses dimensions dans l'onglet* **Taille** *ou* **Dimension** *(dans Excel).*

I- Aligner/espacer des objets

▷ Sélectionnez les objets concernés.
▷ Onglet **Format** - groupe **Organiser** - bouton **Aligner**
▷ Activez l'option correspondant au type d'alignement voulu.

J- Modifier l'ordre de superposition des objets

▷ Sélectionnez l'objet concerné.
▷ Dans l'onglet **Format**, groupe **Organiser** :
- cliquez sur le bouton **Mettre au premier plan** ou **Mettre à l'arrière-plan** pour afficher l'objet au premier/dernier plan,
- ouvrez la liste associée au bouton **Mettre au premier plan** puis cliquez sur l'option **Avancer** pour placer l'objet devant celui qui le précède,
- ouvrez la liste associée au bouton **Mettre à l'arrière-plan** puis cliquez sur l'option **Reculer** pour placer l'objet derrière celui qui le suit.

K- Grouper/dissocier des objets

Cette opération permet de regrouper plusieurs objets afin, par exemple, de les déplacer en une seule manipulation.

▷ Sélectionnez les objets.
▷ Dans l'onglet **Format**, cliquez sur l'outil **Grouper** du groupe **Organiser**.
▷ Cliquez sur l'option **Grouper**.

⇨ *L'option* **Dissocier** *associée à l'outil* *permet de séparer les objets groupés. L'option* **Regrouper***, permet de rassembler de nouveaux les objets précédemment dissociés.*

L- Faire pivoter un objet

▷ Sélectionnez la forme ou l'image puis pointez le petit rond vert.
▷ Réalisez un cliqué-glissé pour faire pivoter l'élément.
⇨ Vous pouvez aussi utiliser les options associées à l'outil ![icon] du groupe **Organiser** (onglet **Format**).

M -Modifier le contour ou le fond d'un objet (une image)

▷ Sélectionnez l'objet concerné.
▷ Pour modifier le contour : onglet **Format** - groupe **Styles de formes** - liste **Contour de forme** ![icon]

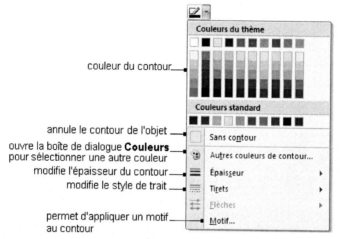

- couleur du contour
- annule le contour de l'objet
- ouvre la boîte de dialogue **Couleurs** pour sélectionner une autre couleur
- modifie l'épaisseur du contour
- modifie le style de trait
- permet d'appliquer un motif au contour

▷ Pour modifier le fond de l'objet : onglet **Format** - groupe **Styles de formes** - bouton **Remplissage de forme**.

Choisissez une couleur de remplissage ou appliquez un motif ou une texture en sélectionnant l'une des options **Image**, **Dégradé**, **Texture** ou **Motif**.

▷ Pour ombrer un objet : dans Word, onglet **Format** - groupe **Effets d'ombre** - bouton **Effets d'ombre** ; dans Excel et PowerPoint, onglet **Format** - groupe **Styles de formes** - bouton **Effets sur la forme** - option **Ombre**.

Cliquez sur l'effet d'ombre à appliquer.

4.5 Les relations entre applications

A - Créer une feuille de calcul Excel dans Word

▷ Cliquez à l'endroit où l'objet doit être inséré.

▷ Dans l'onglet **Insertion**, cliquez sur l'icône **Tableau** du groupe **Tableaux** puis sur l'option **Feuille de calcul Excel**.

La feuille de calcul apparaît dans le cadre dont la bordure est hachurée. Les rubans de Word sont remplacés par ceux d'Excel.

▷ Si besoin, modifiez la taille de la feuille de calcul enfaisnat glisser une des poignées noires visibles sur la bordure hachurée.

▷ Créez l'objet en vous servant des options et des icônes d'Excel.

▷ Pour visualiser l'objet dans Word, cliquez sur le document Word.

▷ Pour modifier l'objet, double cliquez dessus, réalisez les modifications puis cliquez dans le document Word.

B - Copier des données d'une application dans une autre

▷ Ouvrez l'application et le fichier contenant les données à copier (texte, cellules, graphique, objet, diapositive...).

▷ Dans l'onglet **Accueil**, cliquez sur l'outil **Copier** du groupe **Presse-papiers** ou [Ctrl] **C**.

▷ Ouvrez l'application et le fichier destinataire de la copie.

Copier sans établir de liaison

▷ Cliquez à l'emplacement voulu de la copie puis, dans l'onglet **Accueil**, cliquez sur l'outil **Coller** ou [Ctrl] **V**.

Dans le cas d'un texte, de cellules ou d'un graphique, la balise **Options de collage** apparaît juste au-dessous des données copiées.

▷ Ouvrez la liste associée à la balise **Options de collage** puis cliquez sur une des options proposées.

Copier en établissant une liaison

▷ Cliquez à l'emplacement voulu de la copie puis dans l'onglet **Accueil**, ouvrez la liste du bouton **Coller** puis cliquez sur l'option **Collage spécial**.

▷ Activez l'option **Coller avec liaison**.

▷ Choisissez dans la zone **En tant que** la façon dont les données doivent être collées.

▷ Activez l'option **Afficher sous forme d'icône** si vous souhaitez faire apparaître les données sous forme d'icône.

▷ Cliquez sur **OK**.

A

ABRÉVIATION
Voir INSERTION AUTO

AFFICHAGE
Aperçu des effets d'animation 105
Grille dans PowerPoint 84
Marques de mise en forme
d'un document Word 2
Modes dans PowerPoint 83
Modes dans Word 3
Règle de formt dans PowerPoint 84
Zoom 111

AIDE
Utiliser 112

ALIGNEMENT
Cellules 64
Centrer sur plusieurs cellules 67
Dans un tableau Word 34
Objets 121
Paragraphes 10, 100

ANIMATION POWERPOINT
Aperçu des effets 105
Associer un son à un effet d'animation 103
Automatiser le lancement 105
Déclencher l'effet par un clic
sur l'objet animé 105
Effets d'animation sur un objet 103
Minuter un effet 106
Sélectionner un effet 105
Supprimer un effet 105
Voir aussi JEU D'ANIMATIONS

ANNULATION
Action 111
Mise en forme de paragraphe 11

APERÇU AVANT IMPRESSION
Plan dans PowerPoint 97
Utiliser 37, 69, 107

APPLICATION
Lancer Excel 44
Lancer PowerPoint 82
Word 1

ARRIÈRE-PLAN
Pages de commentaires 92

B

BARRE D'OUTILS
Mini barre d'outils 117

BORDURE
Cellules 65
Paragraphes 11

C

CALCUL
Insérer des lignes de statistiques 58
Saisir une formule dans Excel 56
Somme 56
Utiliser des zones nommées 55
Voir aussi FONCTION EXCEL

CARACTÈRES
Appliquer un style 18
Césure dans Word 23
Couleur 116
Mettre en forme 116 - 117
Mettre en valeur 116
Police/taille 116
Trait d'union/espace insécable dans Word 7

CELLULE
Aligner le contenu 34, 64
Appliquer un dégradé 67
Appliquer un motif 67
Appliquer un retrait 64
Appliquer un style 65
Appliquer une couleur 66
Bordures 35, 65
Centrer le contenu sur plusieurs colonnes 67
Compléter 30
Copier 54
Effacer le contenu 53
Formater en fonction du contenu 63
Fractionner 32
Fusionner 32, 67
Modifier le contenu 52
Référence relative/absolue 57
Sélectionner 50
Voir aussi TABLEAU WORD

CÉSURE
Effectuer des coupures sur les mots 23

CLASSEUR
Accéder aux feuilles 49
Appliquer un thème 65
Créer 46
Voir aussi FEUILLE DE CALCUL, FICHIER

COLONNE
Insérer	32, 59
Largeur	33, 60
Présenter du texte sur plusieurs colonnes	15
Sélectionner	31, 50
Supprimer	32, 59
Voir aussi TABLEAU WORD	

COMMENTAIRE
Mode d'affichage de PowerPoint	83

CONDITION
Créer une règle de mise en forme conditionnelle	61
Format conditionnel	60

COPIER
Avec liaison	123
Cellule	54
Dans une autre application	123
Diapositives/objets/textes	88
Feuille de calcul	47
Mise en forme	117
Texte	117
Vers plusieurs feuilles	54

CORRECTION DE TEXTE
En cours de frappe	6
Utiliser le bouton Correction automatique	23
Vérifier l'orthographe	22

COULEUR
Appliquer au fond d'un paragraphe	12
Appliquer aux caractères	116

D

DATE
Formater dans Excel	60
Insérer la date/heure système dans Word	7
Saisir dans Excel	51

DÉPLACER
Atteindre un élément d'un document	5
Cellule	54
Dans une feuille de calcul	49
Diapositives/objets/textes	88
Paragraphes dans le plan	97
Point d'insertion	116
Sur les diapositives	87
Tableau Word	36
Taquet de tabulation	13
Texte	117

DESSIN
Forme courante	118

DIAGRAMME
Insérer	119

DIAPORAMA
Exécuter	101
Faire défiler les diapositives	101
Minutage enregistré	102
Minutage manuel	102

DIAPOSITIVE
Copier/déplacer	88
Créer	88
Disposition	89
Faire défiler lors du diaporama	101
Modifier l'orientation	87
Modifier les dimensions	87
Numéroter	89
Se déplacer sur une diapositive	87
Sélectionner	87
Supprimer	88

DICTIONNAIRE
Vérifier l'orthographe dans Word	22

DISPOSITION
Des diapositives	89

DOCUMENT WORD
Appliquer un thème	16
Créer	3 - 4
Créer un modèle	19
Exploiter le plan	26
Imprimer	38
Imprimer une partie de texte	38
Index	29
Notes de fin de document	24
Numéroter les pages	39
Présenter sur plusieurs colonnes	15
Table des matières	27
Vérifier l'orthographe	22
Voir aussi FICHIER, MISE EN PAGE	

E

EN-TÊTE/PIED DE PAGE
Créer dans Excel	70
Créer dans Word	38
Voir aussi MISE EN PAGE	

ENREGISTREMENT
D'une liste de données Word	41

ESPACE
Entre les paragraphes d'un texte	11
Entre paragraphes d'une diapositive	100

ÉTIQUETTE
Créer 43

EXCEL
Créer une feuille de calcul Excel dans Word 123
Écran de travail 44
Lancer 44

F

FERMER
Fichier 114

FEUILLE DE CALCUL
Copier des cellules vers plusieurs feuilles 54
Couleur de l'onglet 48
Créer dans Word 123
Déplacer/copier 47
Imprimer 68
Insérer 48
Nommer 48
Sélectionner 47
Supprimer 48

FICHIER
Enregistrer 114
Envoyer par messagerie 115
Fermer 114
Ouvrir 113
Voir aussi CLASSEUR, DOCUMENT WORD, MODÈLE

FILET
Voir BORDURE

FILTRER
Tableau Excel 77

FONCTION
Insérer 57 - 58

FONCTION EXCEL
COMPTEUR 57
MAX 57
MIN 57
MOYENNE 57
Somme 56

Statistique 57
Voir aussi CALCUL

FORMAT EXCEL
Appliquer aux dates/heures 60
Appliquer aux valeurs 60
Créer une règle de mise en forme conditionnelle 61

Formater des cellules en fonction de leur contenu 63
Mise en forme conditionnelle 60
Modifier le fond/contour d'un objet 122

FORMULE
Référence relative/absolue 57
Voir aussi CALCUL, FONCTION EXCEL

G

GRAPHIQUE
Ajouter/supprimer une série de données 75
Appliquer un style 74
Axes 73
Créer 71
Mettre en forme les éléments 74
Sectoriels 75
Sélectionner les éléments 72
Type 72

GRILLE
Afficher dans PowerPoint 84

I

IMAGE
Puce graphique dans PowerPoint 99
Rechercher 120

IMPRIMER
Document Word 38
Feuille de calcul 68
Options dans Excel 68
Partie de texte 38
Plan d'un document 26
Plan dans PowerPoint 97
Plusieurs exemplaires d'un document 38
Présentation 108
Quadrillage d'une feuille de calcul 69
Répéter lignes/colonnes sur chaque page 69
Taille des diapositives à l'impression 106
Voir aussi APERÇU AVANT IMPRESSION

INDEX
Créer 29
Créer une entrée 29
Insérer la table 29
Mettre à jour 30
Modifier la présentation 30

INSERTION AUTO
Créer 8
Utiliser les taquets 9

INTERLIGNE
Dans PowerPoint 100
Dans Word 10

INTERNET
Envoyer un fichier par messagerie 115

J

JEU D'ANIMATIONS
Voir aussi ANIMATION POWERPOINT

L

LIGNE
Empêcher une rupture dans un texte 11
Hauteur 33, 60
Insérer dans un tableau Word 32
Insérer dans une feuille de calcul 32, 59
Interligne 10
Retraits de paragraphe 9
Sélectionner 31, 50
Supprimer 32, 59
Voir aussi INTERLIGNE, TABLEAU WORD

LISTE
Listes à puces ou numérotées 15
Numérotée 8

M

MAILING
Créer 39
Créer une liste de données 40
Gérer les enregistrements
d'une liste de données 41
Limiter à certains enregistrements 42
Réaliser des étiquettes de publipostage 43

MARQUE SPÉCIALE
Afficher/masquer dans Word 2

MASQUE
Activer le mode 89
Des diapositives 90
Espaces réservés 91
Masque des pages de commentaires 91

MENU
Barre des menus 82

MINUTAGE
Effet d'animation 106

MISE EN FORME
Copier 117

MISE EN FORME DANS WORD
Alignement des paragraphes 10
Annuler 11
Couleur de fond d'un paragraphe 12
Modifier le fond/contour d'un objet 122
Retraits de paragraphes 9

MISE EN PAGE
Échelle d'impression d'une feuille de calcul 69
Empêcher une rupture de page 11
En-têtes et pieds de page d'un document 38
Marges 36, 69
Orientation des pages 36, 69, 106

MODÈLE
Utiliser dans Word 4

MODÈLE EXCEL
Voir aussi FICHIER
Utiliser 46

MODÈLE POWERPOINT
Créer 86
Créer une présentation basée sur un modèle 85
Voir aussi FICHIER

MODÈLE WORD
Changer le modèle 20
Créer 19
Modifier 20

MOTIF
Appliquer aux cellules 67

MULTIMÉDIA
Rechercher et insérer image, son ou vidéo 120

N

NOM
Feuille de calcul 48
Modifier 55
Modifier un nom 54
Nommer une cellule 54
Sélectionner des cellules par leur nom 54
Utiliser dans les calculs 55

NOTE
Créer 24
Gérer 25

Microsoft Office 2007 127

NUMÉROTATION

D'un document Word	39
De diapositives	89
Effets d'animation	103
Liste	15
Supprimer	27
Titres	27

O

OBJET

Aligner/espacer	121
Déplacer	121
Diagramme	119
Dimensionner	121
Grouper/dissocier	121
Modifier le fond/contour	122
Ordre de superposition	121
Pivoter	122
Sélectionner	120
Supprimer	121
WordArt	119

ONGLET
Voir FEUILLE DE CALCUL

ORTHOGRAPHE

Corriger une faute en cours de frappe	6
Vérifier	22

P

PAGE DE COMMENTAIRES

Saisir	96

PAGE WEB

Publier une présentation sur le Web	110
Visualiser une présentation comme une page Web	109

PAGE WORD

Empêcher une rupture de page	11
En-têtes et pieds de page	38
Mode	3
Notes de bas de page	24
Numéroter	39
Page de garde	14
Positionner un tableau	36

PARAGRAPHE

Affichage des puces dans PowerPoint	99
Alignement	10, 100
Annuler des mises en forme	11
Appliquer un style	18
Bordures	11
Couleur de fond	12
Créer une liste à puces/numérotée	15
Déplacer dans PowerPoint	97
Empêcher une rupture	11
Espacement entre les paragraphes	11, 100
Interligne	10, 100
Retraits	9, 100

PLAN

Créer des diapositives par l'onglet Plan	97
Créer en utilisant les styles prédéfinis dans Word	25
Déplacer des paragraphes dans PowerPoint	97
Exploiter dans Word	26
Numéroter les titres dans Word	27
Table des matières	27

POINT D'INSERTION

Déplacer	116

POLICE

Modifier	116

POWERPOINT

Écran de travail	82
Lancer	82

PRÉSENTATION

Appliquer un style d'arrière-plan	94
Appliquer un thème	93
Créer à partir d'un modèle	85
Créer une présentation basée sur un modèle personnalisé	86
Créer une présentation basée sur un modèle/un thème	85

Voir aussi FICHIER

PRESSE-PAPIERS
Voir COPIER

PUCE

Dans PowerPoint	99
Dans Word	15

R

RECHERCHER

Dans l'aide	112 - 113
Fonction	58
Texte	20

REMPLACER

Texte dans Word	22

RETRAIT

Cellules	64
Paragraphes	9, 100

RUBAN
Utiliser ... 111

S

SAISIE
Hiérarchiser des listes dans PowerPoint ... 97
Pages de commentaires ... 96

SAUT
Saut de page dans Excel ... 68

SÉLECTION
Objets ... 120

SÉLECTIONNER
Cellule ... 50
Cellules en utilisant leur nom ... 54
Dans un graphique ... 72
Dans un tableau Word ... 31
Diapositives ... 87
Effets d'animation ... 105
Feuilles de calcul ... 47
Ligne/colonne ... 50
Texte ... 5

SÉRIE
Créer dans Excel ... 52

SIGNET
Atteindre ... 25
Créer ... 25
Supprimer ... 25

SOMME
Voir CALCUL

SON
Associé à un effet d'animation ... 103
Associé à une transition de diapositives ... 102
Rechercher ... 120

SOUS-TOTAUX
Insérer ... 58

STATISTIQUES
Calculer dans Excel ... 57

STYLE EXCEL
Appliquer ... 65
Appliquer à un graphique ... 74

STYLE WORD
Annuler ... 18
Appliquer ... 18
Changer le jeu de styles ... 18
Créer ... 16

Créer un plan en utilisant les styles prédéfinis ... 25
Modifier/supprimer ... 19
Voir aussi MODÈLE WORD

SUPPRIMER
Contenu des cellules ... 53
Coupure automatique sur les mots ... 23
Diapositives ... 88
Effets d'animations ... 105
Lignes/colonnes dans un tableau ... 32, 59
Numérotation de tout le document ... 27
Objet ... 121
Signet ... 25
Taquet de tabulation ... 13
Texte ... 116

SYMBOLE
Insérer dans un document ... 7

T

TABLE DES MATIÈRES
Créer ... 27
Mettre à jour ... 27

TABLEAU CROISÉ DYNAMIQUE
Créer ... 79
Modifier ... 81

TABLEAU EXCEL
Filtrer ... 77

TABLEAU WORD
Alignement des cellules ... 34
Bordures ... 35
Compléter ... 30
Déplacer ... 36
Fractionner des cellules ... 32
Fusionner des cellules ... 32
Insérer ... 30
Insérer une colonne/une ligne ... 32
Largeur des colonnes/hauteur des lignes ... 33
Positionner ... 36
Prédéfini ... 31
Répéter des libellés de colonnes ... 35
Sélectionner dans un tableau ... 31
Supprimer des lignes/colonnes ... 32
Taille ... 35
Trier ... 33
Voir aussi CELLULE, COLONNE, LIGNE

TABULATION
Gérer les taquets ... 13
Poser un taquet ... 13
Utiliser des taquets ... 6

TEXTE

Appliquer un effet spécial dans PowerPoint	99
Coupures sur les mots	23
Déplacer/copier	117
Modifier le contour/le remplissage dans PowerPoint	98
Rechercher dans Word	20
Remplacer dans Word	22
Saisir	6, 51
Saisir dans PowerPoint	96 - 97
Sélectionner dans Word	5
Supprimer	116

Voir aussi CARACTÈRES, ORTHOGRAPHE, PARAGRAPHE

TITRE

Numéroter	27

TRAJECTOIRE

Effet d'animation	103

TRANSITION

Effet de son	102
Effet visuel	102

TRI

Feuille de calcul	53
Tableau Word	33

TRIEUSE DE DIAPOSITIVES

Mode d'affichage	83

V

VOLET

Figer/libérer dans une feuille de calcul	46

VOLET DANS POWERPOINT

Commentaires	82
Diapositives	82
Onglets Plan et Diapositives	82

VOLET OFFICE

Description	82
Fusion et publipostage	39
Insérer une image Clipart	120
Nouveau document	3
Révéler la mise en forme	13
Style et mise en forme	17

W

WORD

Créer une feuille de calcul Excel	123
Écran de travail	1
Lancer	1

WORDART

Créer un objet	119

Voir aussi OBJET

Z

ZONE DE TEXTE

Créer	118

ZOOM

Modifier	111